Notes of Wonder

私の旅ノート

日本画Ｆ20号『親子』（フィンランドにて）著者作

ザルツブルグ、ウィーン、マドリッド、トレド、バルセロナ
サンフランシスコ、ヨセミテ、オスロ、ベルゲン、ヘルシンボリ
フィレンツェ、ヴェネツィア、ヘルシンキ、ポルヴォー、タリン
ブリュッセル、アントワープ、ブルージュ、サンクトペテルブルグ
ウラジオストック、ハバロフスクにて　　（2015年〜2020年)

勝野まり子

Notes of Wonder

私の旅ノート

***

オーストリア共和国：ザルツブルグ、ウィーン

（ 2015 年 8 月 ）

スペイン王国：マドリッド、トレド、バルセロナ

（ 2015 年 12 月〜2016 年 1 月 ）

アメリカ合衆国：サンフランシスコ、ヨセミテ国立公園

（ 2016 年 12 月〜2017 年 1 月 ）

ノルウェー王国：オスロ、ベルゲン

スウェーデン王国：ヘルシンボリ

（ 2017 年 8 月 ）

イタリア共和国：フィレンツェ、ヴェネツィア

（ 2017 年 12 月〜2018 年 1 月 ）

フィンランド共和国 ： ヘルシンキ

エストニア共和国 ： ポルヴォー、タリン

（ 2018 年 8 月 ）

ベルギー王国：ブリュッセル、アントワープ、ブルージュ

（ 2018 年 12 月〜2019 年 1 月 ）

ロシア連邦：サンクトペテルブルグ

（ 2019 年 9 月 ）

極東ロシア：ウラジオストック、ハバロフスク

（2019 年 12 月〜2020 年 1 月 ）

＊この本に掲載されている全ての写真は著者によって撮影されたものです。

なお、編集、校正ともに、著者自身によるもので、読み難い点がありましたらお許しください。

油絵 S 6 号『バラ園にて』著者作

はじめに（ 2021 年 3 月末に記す ）

　2019 年末に新型コロナウィルスの世界的な感染が始まりました。『私の旅ノート』の最後は、2020 年 1 月の極東ロシアの旅行記となりました。その頃は、新型コロナ感染の話題を耳にすることはありませんでした。その 1、2 か月後には、その感染は世界中で急速に広がり、各国で悲惨な状況が報道されることとなりました。現在、2021 年 3 月末に至っても、その状況は更に悪化しています。過去におけるペストやスペイン風邪の流行、と言っても、私にとっては実体験を伴わない歴史上の話ですが、それらを改めて喚起させる、それら以上に悲惨と言われる状況が続いています。感染予防が期待される幾種かのワクチンが出回り始めてはいますが、この事態の収束までの数年間は、一般人の海外への旅は不可能に思われます。

　この新型コロナ感染拡大によって、世界中の人々が、かつての鎖国時代のように、強制、非強制的自粛の違いはあっても、他国へはもちろんのこと、自国内においても自由な移動はほとんど不可能な状況です。一方で、世界中の国々で経済活動の破綻が危惧され、感染予防と並行した経済活動の活性化も叫ばれています。経済活動を重んじる方向性を取らざるを得ない立場にいる人々、経済よりも感染予防という立場を取らざるを得ない人々、立場を 2 分しながらも、その両立を図るという至難の課題が目前にあります。この夏に開催予定されている東京オリンピックについても、その開催についての賛否両論が主張され、その根底には同様の課題があると言えます。

　日本では"Go to"キャンペーンという経済政策が取られ、感染拡大を危惧しながらも、国内旅行と飲食店の活性化が期待されています。それによる人流活性化の結果として感染の第 3 波が押し寄せたという報道もなされ、現在も感染者は増加傾向を見せており、第 4 波到来が危惧されています。

　新型コロナ禍を契機として、多くの国々では、以前から表面化しつつあった

自国主義と民族主義がいっそう強まり、それに起因する市民運動と騒動も大きくなっています。例えば、アメリカ合衆国から始まった"Black Lives Matter"です。そのアメリカや、ドイツ、英国などでは、極右と言われる人々のマスク着用義務化に反対する過激なデモも起きています。発展途上の貧しい国々においては、感染の被害が凄まじい状況のようです。

　また、時を同じくして、世界中で、地球温暖化によるとされる洪水や土砂崩れの問題、山火事や野生動植物の異常生態系の問題も起こっています。新型コロナ禍に加えて幾つもの課題に直面している人類です。

　そのような人類に突きつけられた諸問題は、新型コロナ禍によって顕示されたと言えるでしょう。そして、それらは、第二次大戦後の、もしかしたら、戦前からの人類の足跡のように思われてなりません。人間が地球環境や他の生命体を軽視して、何よりも効率と生産性を重んじ、協調よりも競争を好み、経済第一主義で突進してきた、その傲慢さが招いた禍に思われます。

* * *

　第二次世界大戦後まもなく、1960年代に環境問題を告発し、それを世界的な運動としたとされるアメリカの女性生物学者レイチェル・カーソンがいます。その頃、人類が他の生命体を軽視して地球環境を人間本位に変えようとする危なさが表面化し始めたのだと思います。

　この生物学者は、人間の成長にとって最も大切なものは"Sense of Wonder"であると言っています。自然界の人間以外のさまざまな生命に、自分を取り巻く社会以外に、驚き、感動し、それらを知ることの大切さです。私も彼女の考えに同感です。それゆえ、この『私の旅ノート』のタイトルを"Notes of Wonder"としました。旅は、"Sense of Wonder"を刺激して、それを通して自己を育てる活動です。

私は新型コロナ禍での自粛生活を送る中、それまで自由に旅することができた海外諸国での光景と体験、そして、人種や国が異なるさまざまな人々との関わり合いが懐かしく思い出されます。

＊＊＊

　私は、今までの 10 日間に満たない短い旅でも、その記録を書き続けてきました。初めて海外の旅に出てから早くも 45 年が経ち、『私の旅ノート』を記し始めてから約 40 年が経ちました。旅する日々に、夜、心静かにその日を思い起こして記します。帰国後、それを読み返すと、旅先での光景がまざまざと浮かんできます。その旅に関係する調べ事をして新たな情報を得られることもあります。加えて、『私の旅ノート』を読んだ知人、友人から有難いコメントを頂けることもあります。それも旅することの楽しみの 1 つです。

　旅行記を書くという習慣は、私が尊敬する、著名な英文学者である恩師の勧めで始まりました。「旅をしたら必ず旅行記を書くのよ。そして、いろいろな人に読んでもらうの。貴女が大きく育つから」と語られた時の、彼女の声と言葉を今も覚えています。そして、ご高齢の彼女が、多忙極まりない中にあっても、教え子である私の拙い『私の旅ノート』を大切に読んで下さったことが有難く思い出されます。今は亡き恩師に感謝です。

　私は、この 45 年間に、20 か国の 40 を超える都市を旅しました。以前は、大学教員として、海外の文化と文学を学生に教える立場で旅していました。書物のみを介して教えるのではなく、教員自身が実際に観て、聴いて、五感で感じたことを若者に伝え、彼らに同時体験して欲しいという切なる願いから海外の旅に出るようになりました。

　旅先の各地で、許される限り多くの写真を撮り、資料を集め、地元の人々とコミュニケーションを図り、それらを学生に伝えていました。若い彼らが広い

6

世界に目を向け、改めて、母国の歴史、文化、芸術にも興味を持ち、広い視野で物事を考えられるようになる、そのための1つの契機になることを願ってのことでした。その影響を受けたと思われる教え子も少なからずいるようで、私は嬉しく思っていました。

　そのような海外への旅は、私が60代半ばで大学を退職すると同時に、自分自身の為の旅となりました。「自分自身の為の旅」と言っても、夫を連れての2人旅でした。「夫を連れて」とは、それまで忙しい「仕事人間」であった夫は、日常生活は元より、旅に関しても全て私任せでした。また、彼は、「非生産的な生活は嫌いだ」とも口癖のように言っていました。たぶん、私と同世代の典型的な日本人男性像に思われます。しかし、「無駄も役に立つ」と考える私の影響もあってか、夫にとって、仕事の合間にカメラを手にして私と一緒に旅することが何よりの楽しみとなったようです。旅行の準備、旅行中の活動、旅行後の片づけ、それらに関して全て私任せであることは気にする様子もなく、「次はどこへ行く？」と、旅することを楽しみにしていました。その嬉しそうな顔が目に浮かびます。哀しいことに、2020年夏から秋にかけて、新型コロナ禍の中にあって、夫は誤嚥性肺炎を3回繰り返し、その結果、11月半ばに帰らぬ人となりました。

　私の退職後の旅は、以前に比べて目的が減り、旅先では、幼子のように無心に街中をぶらつく時間と現地の人と語らう機会が増えました。そうすることで、私にとって新たに知ることが増えたようです。

　加えて、私の退職後の海外への旅は、時を同じくして始めた絵を描く活動にとっても貴重な機会となりました。ほとんどの旅先で多くの美術館を訪れました。そこで、さまざまな名画と言われる作品に出会えました。夫は「絵を描くことは小学校時代の間違った教育で嫌いだ」と言い続けていましたが、絵を鑑賞することは好きで、私以上に美術館で絵画を見ることを楽しんでいました。

この新型コロナ騒ぎの自粛生活の中で、これまで自分が訪れた国々が一層懐かしく思われ、私の退職後の約5年間、2015年夏〜2020年冬に記した『私の旅ノート』を読み返し、自ら撮った写真を眺めては絵を描いています。

　人類にとっての大きな試練である新型ウィルス禍が、自国の利益、経済優先、それらを超えて全世界一体となって協力し合い、その収束に向かえることができますように、人々が不安なく自由に海外を旅することができる日が再び訪れますようにと祈りながら、この本をまとめました。そして、今思い出される亡き夫は、旅をしていた時の楽しそうな表情の顔と姿だけです。それが、今、夫亡き後の私の救いとなっています。

2021年3月

油絵F4号『チューリップ』著者作

目次

オーストリア共和国

ザルツブルグ、ウィーン

（2015 年 8 月）

　オーストリアには初めての旅でした。日本は小さな国ですが、この国はさら
に小さな国です。国土面積は日本の約 5 分の 1、人口密度は日本の約 3 分の 1
です。言語は、幾つもの母国語を持つ国ですが、公用語はドイツ語です。

　宗教は、国民の約 80%がカトリック信者ですが、その信者数は減少気味のよ
うです。かつての大司教の勢力を遺す大聖堂や宮殿や庭園が、歴史的文化遺産
として人々に愛され活用されています。最近になって、その崇高な信仰内容と
荘厳優美な教会建築とは矛盾するように、欧米諸国を中心として、日本国内で
も、一部のカトリック神父による孤児への性暴力が告発されています。哀しい
ことですが、宗教人とて人間です。

　海外を旅するごとに思うのですが、1 週間程度の 2、3 の都市訪問では、その
国の全貌を知ることなどできません。その国に暮らした経験のある人からすれ
ば、それは単なる覗き見みと嘲笑されるでしょう。しかし、その一方で、短期
間の自由な旅だけに、代表的な都市訪問だけに、その国の個性が上澄みのよう
に浮き上がり、それが異文化の印象として心に強く残るような気もします。

　この旅の日程に従って時系列に記す前に、自分自身の印象を頼りに、偏見と
独断による「オーストリアらしさ」をまとめてみます。繰り返しになりますが、
たった 2 都市だけの短い訪問で言い切れることではありませんが。

豊かな芸術

　モーツアルトの母国、ウィーン少年合唱団やウィーン・フィルの地であるこ
とからも分かるように、ここは音楽の国です。真夏には、コンサートが全国各
地で開催され、民族衣装を着てそこに嬉々として出かける人々の姿が印象的で

10

した。美術館や博物館も充実していて、そこには多くの人が訪れていました。

優れた言語能力とコミュニケーション能力
　幾つもの母国語を持つ多民族国家であるのに、もしくは、それゆえかもしれませんが、私が出会った現地人は、公用語のドイツ語に加えて英語を流暢に話していました。また、彼らは、単に言語能力だけではなくて対話能力にも長けているようでした。初対面の日本人である私に、彼らは言葉遊びを交えての英語で陽気に話しかけてきました。日本での日常生活では、あれほどのウィットに富んだ日本語の言葉遊びを耳にしたことがありません。狂言や落語は例外ですが。日本人は狭い島国の民族なので、言葉を通して意思疎通を図ろうとする努力と豊かな対話を求める姿勢に欠けているのかもしれません。

白人主義、それでも、日本人芸術家に対する敬意
　この国は「白人主義の国」と言われ、このコロナ禍では、その傾向は一層激しくなっているようです。それにもかかわらず、日本人である私に好感を持って接してくれる人が多く、また、日本の芸術家の知名度と好感度は人々の間で高いようでした。デザイナー山本寛斎氏と指揮者小澤征爾氏を賞賛する声が多くの人から聞かれました。それは芸術を愛する国であることと繋がります。

動物の話題
　多くの場所で、身近に馬や犬が見られ、人々から猫の話が聞かれました。動物の話題は、動物好きな私と現地の人々を繋ぐ良きひと時を与えてくれました。

カフェ文化
　伝統的カフェ文化を背景とし、デザートが美味しくて、煙草、コーヒー、ハーブティー、塩を好む人が多く見られました。禁煙は進んでいないようでした。

美しい街並み

　歴史的な聖堂、宮殿、庭園、民家が大切に保存されて活用されていました。また、海外からの観光客が多いゆえか、国民性ゆえか、街並みには悪戯書きもゴミもありませんでした。ただ哀しいことに、教会堂の付近には必ず、追い払われることなく、憐れな物乞いがいました。教会が彼らの最後の救い場なのでしょう。日本の物乞いは、宗教の場ではなくて公園や街路に見られます。

目立つ黄色

　この国の郵便関係は黄色で、庭園には黄色の花が咲き、宮殿のマリア・テレジア・イエローという壁、モーツアルトの生家の薄黄色の壁と、黄色が目に付きました。この国の黄色はハッピーカラーなのかもしれません。黄色が持つ普遍的なイメージとして、「ユーモア、明るさ、豊かなコミュニケーション」が指摘されていますが、これは私のオーストリア人像と繋がるイメージです。

第二次世界大戦の傷跡

　幾つもの母国語が使われ、多くの人が民族衣装に身を包むことでも分かるように、ルーツと歴史を重んじる人の多い国です。第二次世界大戦の傷跡とナチス・ドイツ占領下での痛みも消えぬ国です。博物館や美術館では、その占領下当時の写真や絵が展示され、多くの若者も熱心にその展示を観ていました。

ザルツブルグ

ザルツブルグ空港：異常な暑さ、日本人顔似のモンゴル人店員

　成田から乗換を含めて約13時間の飛行でした。飛行場に降り立つと、アルプス山脈のウンタースベルク山が見えました。飛行場では器具や作業車の黄色が目立っていました。

12

空港内に移動すると、私の予想に反して蒸し暑かったです。この国でも、今年は異常気象とのことでした。例年の夏は涼しくてクーラーを使う必要のないこの市でも、この夏は例外で、雨以外の日は蒸し暑くてクーラーを応急設置する施設が多いようでした。私が滞在中の朝晩は 13℃〜16℃、雨の日は日中も気温が上がらず、一方、雨以外の日は、日中の気温は例年より高く、30℃を超える日もあり、湿度も高かったです。驚くかな、2019 年の 7 月には、ウィーンでは 37℃までにもなったそうです。私も、異常気象を肌で感じて、人類が地球を破壊しつつあるのではないかと恐ろしくなりました。

　空港内の店に立ち寄ると、そこの女性店員が日本人のように見えました。「到着するなり日本人が」と思って話しかけると、彼女はモンゴル人でした。日本人の顔はモンゴル人のそれに似ています。以前のカナダのケベック旅行で、日本人とそっくりのイヌイットの顔と、彼らが保存していた鯉のぼりに似たオブジェを見て、私が大変驚いたことを思い出しました。現在幾つかに分かれている国々は、古くは 1 つだったのかもしれません。そう考えると、現在の国々の領土争いや対立は皮肉に思われます。

滞在したホテル：スタッフとの楽しいひと時

　このホテルは旧市街にあり、ザルツァッハ川を見渡せる小さくも古くて素敵なものでした。スタッフは陽気で親切な人ばかりという印象でした。数日間の滞在でしたが、私はある若いスタッフと親しくなりました。彼は私と一緒に、日本に送る荷物入りの黄色い箱を、黄色い郵便局まで歩いて運んでくれました。

　その往復時の、2 人の共通言語である英語の会話は、私には楽しいものでした。彼は人懐っこくて陽気で多弁でした。私に母親的なるものを感じたのでしょう。母子の情愛も国を超えるのでしょう。彼は自分の母親に語るかのごとくに、勤務状況や恋人との同居生活について細々と話してくれました。楽しい話に加えて、仕事や住環境に関する愚痴も聞かれました。彼は、私がとても敵わ

ないような流暢な英語を話しましたが、郵便局のスタッフも同様でした。

ホーエンザルツブルグ城塞：約1000年間この市を見下ろしている城塞

この城塞は市内を見下ろしています。11世紀初頭にローマ帝国皇帝と教皇との戦いで造られ、増改築を繰り返し、17世紀半ばに現在の姿となったそうです。

ドーム：約1500年間に渡って市の中心

この大聖堂は8世紀後半に創建され、12世紀に後期ロマネスク様式に改築され、17世紀にバロック様式で建て直されました。モーツアルトが洗礼を受け、その後、オルガン奏者を務めた大聖堂でもあるとはロマンチックな話です。

ドーム内と同じく、周辺の広場の光景も印象的でした。地元の人々が集い、民族衣装を身に着けた人々が行き交い、多くの馬も集う、それは楽しい光景でした。音楽を奏でる人やのんびりとチェスをする住民も見かけられました。

（広場での野外コンサートです）

ザルツブルグ博物館：ナチスに殺された女流画家の水彩画展

16世紀に大司教が建造したレジデンツにある、この博物館では、シャルロット・ザルモンという女流画家展が開催されていました。彼女は、第二次世界大戦中にナチスの収容所で殺された画家です。彼女の水彩画は大戦時の作品で、負傷者、看護師、医師、軍人の姿を描いたものでした。その水彩画に描かれた

14

濁った暗い色と悲惨な対象は、彼女の魂の痛みを私に感じさせるだけで、美を感じさせるものではありませんでした。

　戦時下にあって描かれた絵や、反戦を意図して描かれた絵でも、明るい色使いで生命美と希望を感じさせる作品もあります。自然の生命美を力強く描くことで平和の大切さを伝える画家もいます。そのような絵は希望を与えます。

　シャルロットの描く濁った色と対象からは絶望のみが伝わってきました。それらは当時の戦時下の狂った雰囲気を伝える立派な芸術作品かもしれませんが、私は好きではありません。それでも、彼女の絵は、言葉で語る以上に、絶望のみの悲惨な歴史事実をリアルに伝えているようにも思いました。それも、写真の力と同じく、絵画の力なのでしょう。彼女の人生は、2014年のザルツブルグ音楽祭でオペラ化されたとのことです。その悲惨な記憶は、この国の人々に今なお大切にされているようです。

フランティスカーナ教会：生の女性合唱

　このカトリック教会内ではミサの最中でした。美しい生の女性合唱が流れていました。モーツアルトがその街で育ったことが思い浮かびました。

街中：コンサート会場に向かう民族衣装の姿

　広場や通りには、さまざまな民族衣装を身に着け嬉々として歩く人々がいました。各地で7月末〜8月末にコンサートが開催されます。音楽会に行く時は民族衣装を身に着けるとのことでした。その民族衣装姿は私には見物でした。

　商店街には民族衣装の専門店が多くありました。それらは観光客用の土産物店ではなくて、地元の人達の為の店とのことでした。その伝統的な衣装の種類は多様で、それは地域やかつての身分等によって異なるそうです。ここにも歴史を大切にするオーストリア人の国民性を感じました。この歴史を大切にする態度は、彼らの「白人主義」に繋がるように思われます。私は「白人主義」や

民族主義には好感を抱けませんが、美しい民族衣装に身を包みコンサートに向かう人々の姿は素敵に映りました。

街中の郵便局：黄色

　前記したように、私はホテルのスタッフと一緒に荷物を持って郵便局に行きました。郵便は黄色でした。配達用自動車も、ポストも、郵便局内も。この国と同様に、ドイツの郵便も黄色、イタリアも黄色、フランスも黄色です。

　郵便局内にいると、その黄色は、国はフランスで異なりますが、私が好きな画家ゴッホの描く黄色と重なりました。ゴッホの唯一の友人は郵便局員で、彼は、その郵便局員から支援者である弟からの仕送りと手紙を渡されることを何よりも楽しみにしていたとのことです。以前、私は、ゴッホが好んで使用した黄色と彼が親しんだ郵便局の黄色との繋がりを考えることがありました。その時、ある画家が、「ゴッホの黄色は神を象徴する色」と断言しましたが、私はその観念的な見方に違和感を覚えました。そのことも思い出されました。

　この街では郵便局以外でも黄色は目に付きました。庭園には黄色の花々が咲き誇り、街中に見られる建物の壁も黄色が多いようでした。モーツアルト関係の博物館になっている、彼の生家の薄黄色の外壁も、その色が印象的でした。

マリオネット館：独特の動きを見せる人形

　モーツアルトの『魔笛』の人形劇を観賞しました。ストーリーは単純化されていて私には理解しやすく、生の音楽演奏、人形の動きと表情、英語の大きな字幕も良かったです。

　館内は地元の常連客が多いようでした。私の癖で、館内を見回すと、観客の動きが人形の動きに似て見えました。彼らを見回す私の動きも同様だったのかもしれません。その観客と人形の動きに、英国で 20 世紀初頭に活動した短編小説家、キャサリン・マンスフィールドの人物描写が頭に浮かびました。彼女の語る人物の動きは比喩的で個性的です。マリオネットの動きに似ています。彼女もオーストリア旅行記を遺しているので、ひょっとしたら彼女の人物描写はマリオネットの影響を受けているのかもしれないと思いました。

　ここで、私はピーターパンのマリオネットを購入しました。オーストリア人らしい顔をした人形です。「オーストリア人らしい顔」とは、ハプスブルグ家の人々に共通する顔の特徴として、「下向きの鼻と特徴ある下唇」がよく指摘されています。この人形の顔についても、それが言えるようです。

ミラベル宮殿：黄色の花々

　17 世紀初頭に、大司教が愛人のためにこの宮殿を建設し、それは 19 世紀初頭

の火災後にクラシック様式で再建されたそうです。「大司教が愛人に」と伝えられていることが面白いです。宗教人も神ではなくて人間です。その庭園には黄色の花々が美しく咲いていました。

レストラン：ドイツ・オーストリア料理、モンゴル人スタッフ

　ランチを取った店には、「ドイツ・オーストリア料理」と記されていました。「ドイツ料理よりもオーストリア料理の方が美味しい」と言われます。この店で、私はオーストリア料理のカツレツを美味しく食べました。女性店員は私の目には全くの日本人に見えましたが、彼女もモンゴル人でした。人口の少ないオーストリアにおいては、モンゴル人は良き労働力となっているのでしょう。

ザルツカンマーグート地方のハルシュタット：古き塩の街

　ザルツブルグ郊外にある世界遺産の街、紀元前から塩の地として知られるザルツカンマーグート地方のハルシュタットに行きました。その古き湖水地方では、塩は「白い金」と呼ばれる貴重な財であったそうです。広く岩塩坑を所有していた教会と帝国の勢力を窺える所でした。また、そこは、『サウンド・オブ・ミュージック』の舞台であり、1930年代のままと言われる湖と山々、築数百年の家々の街並みと古い教会が美しくありました。

　築600年という歴史を感じさせる店では、店主が絵付けしたガラス瓶に古代塩を入れて売っていました。「古代塩」という言葉もロマンチックですし、その瓶も美しいものでした。歴史ある木造建物の2階の窓には、美しい花々が育てられていました。防虫用とのことで、それはお洒落です。その古めかしい壁には、先祖の職業を示すオブジェが誇らしげに飾られていました。ここにも歴史やルーツを重んじるオールトリア人の国民性を感じました。

（教会が中心となる美しい街です）　（大工の職を示すオブジェです）

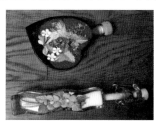

（『サウンド・オブ・ミュージック』の舞台です）　（古代塩です）

ウィーン

滞在したホテル：ピアノ演奏、イスラム教徒

　このホテルの玄関には、日本の国旗もはためいていました。日本人客が多い
のでしょう。ロビーに入るとピアノの生演奏が聞かれ、その音色に、「ああ音
楽の都、ウィーン！」と嬉しくなりました。ロビーの片隅にはヒシャブを着た
イスラム教徒も見られました。

カールス教会：言葉遊びの上手な現地人との出会い

　この教会は、18世紀初頭にアリア・テレジアの父親によってペストの鎮静を
願って建てられた、バロック建築の傑作で壮大なものでした。

　教会内では、天井付近のフレスコ画をエレベーターに乗って間近に見られま
した。写真禁止の貼り札が見えないので、私は写真を撮ろうかどうかと迷いま

した。すると、私と同じエレベーター内にいた地元の2人連れが、それを察したようで、流暢な英語で私に話しかけてきました。彼らは、"take a picture"の"take"という動詞を繰り返し使い、その語の掛詞で冗談を言いながら、私に写真を撮ることを勧めました。楽しい会話でしたが、撮影禁止のような感じが強かったので、私は写真を撮る大胆さを持ち合わせていませんでした。

ウィーン博物館付近：ユダヤ人迫害記録写真展、東西ドイツ統一記念写真展

　カールス教会脇にある、この博物館では、かつてポーランドからのユダヤ人ガラシア移民が迫害された時の記録写真等が展示され、教会前の広場では、東西ドイツ統一の記録写真展が開催中でした。ドイツおよび世界中で大きな政治的変動が起こった「1968」年の数字が印象的でした。また、日本ではほとんど見られない咥え煙草の若い女性が幾人もそこを訪れ、その展示に見入っている姿も印象的でした。この国では、歴史や政治に対する若い女性の関心度が日本以上に高いようです。煙草好きな国民だとも思いました。

美術史博物館：素敵な絵、豪華なカフェ

　19世紀末設立の壮大な美術史博物館です。フェルメール、ブリューゲル、ルーベンスの絵が多く展示されていました。朱色の豪華な室内装飾のカフェも素敵でした。そこで食べたザッハ・トルテは美味しかったです。

シェーンブルン宮殿：カフェでの楽しい出会い、私の３つの誤解

　この豪華な宮殿の入口にいた馬は可愛かったです。この豪華な宮殿や可愛い馬よりも印象的だったことは、館内のカフェでの現地人との出会いです。そこで私がコンソメ・ズッペとチョコレートケーキを食べていると、隣の席に、男子と思われる幼子２人と小学生くらいの女子２人を連れた、夫婦と思われる若い男女が座りました。

　そこで私は３つの誤解をしました。父親らしき人が席を外すと、母親らしき女性に抱っこされた幼児、おむつを付けてまだ会話ができない、"baby" と思われる男児らしき子が急に泣き出しました。すると、私が訊きもしないのに、母親らしき人が、「この泣いている子は彼の子で、自分の子は女の子２人です」と笑顔で説明してくれました。２家族だったのです。それが１つ目の誤解でした。

　その男性が席に戻ると、赤ん坊は泣き止みました。彼が言うには、その赤ん坊は "he" ではなくて "she" 女児でした。これが２つ目の誤解でした。

　彼は、「この男の子と女の子が自分の子です」と続けて、私には "baby" と見られる女の子は、「２歳を越えたので、"baby" と言われると腹を立てるから "child" です」とのことでした。それが３つ目の誤解でした。

　賑やかな４人の幼子連れの２家族でしたが、その現地人との言葉に拘る会話も楽しいものでした。

アルベルティナ美術館：印象派の作品

　その宮殿の一角の美術館では、印象派の画家やピカソの多くの絵を見ることができました。

ホテルのレストラン：イスラム教徒の女性

　この国はカトリック教徒が多いですが、この国の人か、海外からの人か、どちらかは分かりませんが、街中にはイスラム教徒やユダヤ教徒も多く見かけら

れました。私が滞在したホテルでも、幾人ものイスラム教徒の姿がありました。

　ホテルのレストランに、真黒な衣装アバヤを纏って、黒いマスクを深くしているイスラム教徒の女性がいました。彼女には失礼だとは思いましたが、私は好奇心には勝てずに、目が彼女に釘付けになりました。彼女のテーブルに注文した料理が出されるやいなや、彼女は、マスクを勢い良く上に投げて、大きな口を開けて大食いしました。食べ終わると、足を勢い良く組んでスマホに夢中の様子でした。アバヤの下から真っ赤な派手なスパッツが見えました。

　イスラム教徒の真黒なアバヤ姿と、その下に見える真赤なスパッツと、彼女の乱暴とも思われる振る舞いには、大きな隔たりがあるような気がしました。イスラム教徒の女性も新しく変わりつつあるのかもしれません。

街中：日本人への好感

　この国は白人主義で知られていますが、「日本人が好き」と言う幾人もの街の人に会いました。私が乗ったタクシーの運転手は、「日本の指揮者の小沢を２回乗せたことがあるが、彼はとても良い人です」と褒めていました。また、別のタクシーの運転手は、「中国人は煩いから嫌いだが、日本人は静かで好きです」と言いました。実際、この街で見かけた中国人は、集団で大声を出しながら行動していて、周囲の人々への配慮はほとんどないようでした。たぶん、それは数十年前の集団旅行する日本人にも言えたことで、そのような中国人を単に軽蔑できないようにも思われました。また、どこの国でも、タクシーの運転手は、職業柄か、世の中を良く観て知っているような気がしました。

　ホテル近くに小さなアクセサリーショップがありました。外から見える店の雰囲気に惹かれて、私はその店内に入りました。店主は私が日本人だとすぐに分かったようでした。私が訊きもしないのに、彼は自分の身の上話を始めました。話好きな人でした。「ファッション業界で仕事をしたかったけれども、この家業を継がなくてはならなかったのです。大学の恩師の親友が山本寛斎で、

山本はすごい才能の人ですね」と褒めていました。この国は歴史を重んじる国柄ゆえに、家業を継がざるを得ない人も多いのでしょう。

　山本寛斎氏ですが、私は偶然に彼に会ったことがあります。あるデパートの催し場で、私はＴシャツに描かれた鶏の絵に見入っていました。それは寛斎氏が描いた絵でした。その頃、私も日本画で鶏の絵の制作中でした。そこに居合わせた寛斎氏が私に話しかけてきました。その会話の後で、初対面の私とのスマホ撮影のために、彼は、そのコーナー付近を幾か所も移動して一番良い背景を選び、私と一緒に幾枚も写真を撮ってくれました。忙しい中にあっても、彼は見ず知らずの私に豊かな気配りをしてくれました。その豊かな気配りと丁寧な写真の背景選びに、彼の芸術家としての素敵な人柄を感じました。（残念なことに、2020年、山本氏は76歳で亡くなられました）

レストラン：程良い塩気の料理

　料理の中では、牛肉、ジャガイモ、ズッペとパンが美味しかったです。塩で栄えていた国だけに、どれも塩気が効いていて良い塩梅の味でした。伝統のケーキもチョコレートもコーヒーも美味しいですが、日本のそれらもオーストリアのものに負けないような気がしました。東京のオーストリア風カフェで食べるケーキの味の方が美味しいような気もしました。また、日本の寿司屋と料理屋が街１番と言われるホテルに入っていました。

古本屋：版画

　ホテル近くにある古本屋を覗きました。素敵な古い版画がたくさんありました。私は19世紀末製の当時のウィーンの街を描いた版画を求めました。この旅で多くの美術作品を見ることができましたが、ホテルやカフェの壁にかけられた、古い街並みを描いた版画と美術館展示の版画の多さも印象に残っています。版画は、懐かしい時代を身近に感じさせ、描かれる線が美しく、安価で手に入

れやすく、良い芸術品だと改めて思いました。

街中：喫煙文化、美しき古き建築物

　この国では近く禁煙法が実施されるという話を聞きましたが、自由なカフェ文化ゆえとは思いますが、禁煙が見られませんでした。ハーブ文化も見られました。料理には幾種ものハーブが使用され、空港で飲んだジンジャーティーの擂り生姜がたっぷりと入ったハーブティーには私の喉も胃も沁みました。喫煙文化とハーブ文化、健康面では相殺しますが、共通して香りの文化です。

　また、街中で1度も悪戯書きを見ませんでした。観光地ゆえに美しい街の保存に努めるのでしょう。日本の京都や奈良についても言えます。ただ、立派なカリック教会前の路上生活者の姿は哀しいものでした。教会は彼らの最後の救いの場なのでしょう。日本の観光地や神社仏閣では見られない光景です。

ウィーンの空港：フレッシュ・ジンジャーティーの味

　前記したように、飛行場で飲んだジンジャーティーには驚きました。半日で東京に戻れるので、出来立てのザッハ・トルテを購入しました。食いしん坊の私のこの旅はジンジャーティーとチョコレート・ケーキで終わりました。

油絵 F12 号『アネモネ』著者作　　油絵 F3 号『君子蘭』著者作

24

スペイン王国
マドリッド、トレド、バルセロナ
（2015 年 12 月〜2016 年 1 月）

　2015 年後半、世界各地でイスラム過激派のテロ勃発、イランからの難民流入、そして、イスラム教徒排除の激しい動きがあるとの報道がなされる中、計画していた危険度の高いベルギー・オランダ旅行を急遽変更して、政治的に比較的安定している国とされるスペインのマドリッドとバルセロナを旅しました。

スペイン王国

　この国の正式名称は、スペインでもスペイン王国でも良いようです。国土は日本の約 1.4 倍、人口密度は日本の約 4 分の 1 です。言語はさまざまな土着言語が話されるようですが、公用語はスペイン語です。宗教は、90％を超える国民がカトリック信者とのことです。イスラム教徒も比較的多く、国民の約 4 ％です。平均寿命は日本とほとんど変わらず、今後は日本を抜き世界 1 位になる予測がされているそうです。その要因として、健康に良い気候と食物、古くから確立している国民皆保険と無料医療、加えて、老人を大切にする国民性が挙げられています。（新型コロナ禍では、この国は日本を遥かに超える多くの死者が出ているようです）次に、私が抱いたこの国の大まかな印象をまとめます。これも、たった 3 都市の訪問で言い切ることはできませんが。

美しい空
　冬は雨が多いと聞いていましたが、この旅行中は天気に恵まれて、太陽光と空の美しさに感激することがしばしばありました。その美しさに、見ず知らずの人とも一緒に思わず声を上げて、共感し合ったこともありました。動物へ

25

の愛情や芸術への憧憬と同じく、自然の美に対する感動も、国を越える人々の
コミュニケーションを生じさせるものです。それらは、程度の差こそあれ、人
類が共通して持っている豊かな感情なのでしょう。

大らかな人々

　カトリック信者が国民のほとんどを占めるというのに、教会で祈る人は少な
く、信仰の厳しさは感じられない、大らか過ぎると思われる人も多く見られま
した。カトリック信条に反するとされる同性愛に関しても寛大で、同性愛者同
士の結婚が早々と認められたそうですし、「落し物は絶対に持ち主には戻らぬ」
国とのことです。写真を撮られることに関しても、寛大というか、それを喜ぶ
人に多く会いました。また、学歴主義や立身出世志向が弱い人が多いようです。
このような大らかさも、この国が長寿国である要因の一つであるのかもしれま
せん。その大らかさは、同じく長寿国である日本人の多くには見られず、特に、
私を含む第二次世界大戦後に育った人々には欠けているものかもしれません。

豊かな芸術

　世界的に著名な画家や建築家を多く輩出した国で、多くの美術館や建築物が
あります。陽光が強い地理的環境もあってか、光の美に敏感な人が多いようで、
光の効果を上手く活かしているインテリア、街路、教会堂の美しさには驚くこ
とが多々ありました。

親日の人々と多くの日本人観光客

　歴史的背景からか、日本人観光客が多く訪れるためか、日本人好きな人が
多いようでした。また、私は日本人観光客にしばしば話しかけられました。
旅先で日本人に親しげに話しかけられるという経験は、幾度か訪れたことの
ある英国ではありませんでした。スペイン以外の旅で思い出されるのは、ス

ウェーデンのストックホルムで訪れたノーベル博物館でのことです。そこで
は幾人もの日本人に親しげに話しかけられました。多くのノーベル賞受賞者
を輩出した日本の国民であるという誇りが、彼らにそうさせたのでしょう。

軽視される学校教育

　英語教育は、ある意味で、「学校教育を象徴する」とも言われます。若者でも、
公務員でも、英語を全く理解できない人が多いことは驚きでしたし、学校教育
を重んじる国ではありません。これは、スペインはかつて大国であったという
自負の名残なのかもしれません。

ゴミと悪戯書きが見られる街中

　観光立国であるのにもかかわらず、古くて美しい建築物の付近にはゴミが必
ず見られました。悪戯書きも街中の景色の一部となっていました。ゴミも悪戯
書きもそのままのようです。これもこの国の大らかさの表れかもしれません。

マドリッド

機内とマドリッドの空港：美しい空、オランダ人スタッフ、現地の運転手

　KLM 航空の飛行機でした。機内から見える、真っ青な空と白い雲と赤い太陽
光のグラジュエーションが織りなす景色は、実に美しいものでした。
　「カツノサン」と笑顔で語りかけてくる、男性客室乗務員の血色の良い「オ
ランダ人顔」は、私には懐かしく、40 年前のオランダへの旅を思い出させまし
た。当時のアムステルダムの混んだ路面電車の中で、五月人形を連想させる男
性たちに、私は子供と間違えられたのか、「座れ」と幾度も席を譲られました。
今回は、笑顔のその五月人形顔のスタッフと、"Wow! Beautiful sunset!" と
声をかけ合いました。アムステルダムの夜景は美しい星の世界でした。

マドリッドの空港の出口では、スキンヘッドの大柄な運転手が出迎えてくれました。彼は英語を話せない人だったので、私は多少不安になりました。ホテルに向かう車中、彼は英単語だけを連発していました。私が想像するには、「喉が渇いていたら、座席の右側に水のボトルがあるから飲んで下さい」というようなことを親切に言ってくれたようです。マドリッドの気温は東京とほとんど違わないのに、私のコートの下は汗ばんでいました。

滞在したホテル：豪華な内装

ホテルの外観は英国の古い建物を思わせるもので、内部は多く使用される鏡と光の効果をうまく利用していました。建物の豪華さと天井の高さには感激しました。

ホテルのレストラン：味噌汁、チュロス

ホテルでの朝食は、スペイン伝統揚げ菓子のチュロスがあったこと、日本人客が他にはいないのに味噌汁があったこと以外は、今まで旅した国々のホテルとほとんど変わりませんでした。海外のホテルで味噌汁が提供されたのは初めてでした。普段は日本人観光客が多いゆえだと思います。申し訳ないけれど、好奇心の強いはずの私でも、スペインで味噌汁を飲む気はしませんでした。

朝のホテル付近：美しい光景

日の出直後の午前8時半過ぎに、私はホテル周辺を散歩しました。美しい朝

の景色でした。色鮮やかな太陽光の中で、古い建築物と2つの教会の尖塔と街灯が美しいシルエットとなっていて、飛行機雲も空に美しい絵を描いていました。その光景は、クリスマス休暇に入って大気汚染がないためかと思いましたが、この時期はクリスマス休暇ではないとのこと。季節によるのか、工業がそれほど盛んではないためか、良くは分かりませんが、それは見たことがないほど美しかったです。

　英国人の友人に言わせても、"European sky"は日本の空よりもはるかに美しいそうです。ホテルの前で、リュックを背負って、カメラを手にした、旅行者風の中年男性が、笑顔で空を指さし、私に"Beautiful！"と叫びました。私も"Beautiful！"と相槌を打ちました。一瞬の嬉しい対話でした。

ラストロ（蚤の市）：人懐っこい人々との出会い

　日曜日に開かれるラストロ、蚤の市では、スペイン国旗の赤色と黄色が目立ちました。革製品、フラメンコグッズ、セミプロ画家の絵、スペイン家屋のミニチュア等の面白い物が所狭しと並んでいました。陽気な店主たちが、はにかみながらも、笑顔で写真のモデルになってくれました。他の場所でも、それは同様でした。画商の店のドアに描かれた悪戯書きは、なにやら、色合いが素敵にも見えました。その悪戯書きを消さずにそのままにしてあるのも、大らかなスペイン人らしさかもしれません。

29

カフェ：またチュロス、闘牛のタイル画、英語を全く話さないスタッフ

　カフェに入ってまたチュロスを食べてから、宮殿と大聖堂に行くことにしました。そのチュロスも、外側がからりとして中はしっとりしていました。店内の壁には大きな闘牛のタイル画がありました。若い店員に宮殿への道を英語で尋ねても、彼は英語が分かりませんでした。私が英単語だけを並べると、彼は身振りで、「近いです。歩いて行けます」というようなことを伝えてくれました。

街中：距離感の異なる警官

　宮殿と大聖堂まで「近いか」と、半信半疑で歩いていると、警官の姿でした。彼は片言の英語で、「宮殿まで歩ける」と言いました。地図とは異なる道を示されたので、私は不安になってタクシーに乗りました。宮殿まで車で10分以上かかりました。それは、私には歩ける距離ではありませんでした。

アルムデナ大聖堂：国王夫妻の結婚式場、撮影可の聖堂

　宮殿前には長蛇の列。宮殿内に入るのは諦めて、前にある大聖堂に入りました。この聖堂の計画から20世紀の完成までに約400年もかかったそうです。

　聖堂内は豪華でした。入口には"no photo"を示す文字も絵もないので、念のため女性のスタッフに問うと、「多くの人が写真を撮っています。撮って良いのは当たり前です」という答えが大らかな笑顔から返ってきました。

　数年前、この聖堂で現国王夫妻が結婚式を挙げたそうです。その王妃は、カトリックや王室とは無縁に思われるような悪い環境に育ち、信仰とは無縁に思

われる生き方をしていた、一民間人だったそうです。しかし、良く考えると、そのような彼女の生き様を受け入れることがカトリックの信仰なのかもしれません。王妃が悲惨な過去を乗り越えて、現在は立派に生きている姿は、国民に賞賛されているそうです。日本の皇室ではありそうもないことです。この教会の近くでも物乞いする人を幾人も見かけたことが、私の心に痛かったです。

（壮大な宮殿です）

（アルムデナ大聖堂です）

（アルムデナ大聖堂内です）

（大聖堂付近の街中の光景です）

トレド

　この街は、6世紀には西ゴート王国の首都で、16世紀中葉まで繁栄し、現在でも「16世紀のまま」と言われています。かつては、イスラム教、ユダヤ教、ローマ・カトリックが共に栄え、その後、ローマ・カトリックの世界遺産となった街です。

トレドの街：中世のままの姿

　外から眺めると、この街は、周囲の自然、木々や水辺と調和しながら、その姿を自己主張しているように見えました。街中の民家、大聖堂、石畳の急な坂道は映画で観るような中世そのままの姿で、ロマンチックなトレドでした。

カテドラル大聖堂：スペイン・カトリックの総本山

　ここは、13 世紀初頭に建設が開始され、15 世紀末に完成した、ゴシック様式のスペイン・カトリックの総本山です。エル・グレコの大きな絵も見事でした。立派な大聖堂の脇には、物乞いする盲目の若者と犬を抱いた老人の姿がありました。その憐れな姿に私の胸は痛みました。

インフォメーション・オフィス：英語を話さぬ３人の若者スタッフ

　大聖堂内を見学した後で、観光案内所で道を尋ねました。３人の若者スタッフに英語で話しかけると、彼らは単語一つ分かりませんでした。別の若者が出てきました。彼がやっと英語で道案内してくれました。世界遺産の街の公の案内所で、若いスタッフたちが英語を全く理解しないことは驚きでした。彼らは、この国を旅するならばスペイン語を話すのが当然だと思っているのでしょう。

トレドの坂道：日本人家族の我慢強い妻

　日本人家族に出会いました。単身赴任中の夫、妻と２人の幼子の旅でした。片道約１時間も、その妻は、２歳の息子を抱いて急な坂道を上り下りしながら、終始、笑顔でした。彼女は、４歳の娘にも、夫にも、優しく話しかけていました。

　私は若い頃でも、可愛い我が子であっても、幼子を抱いて急坂を１時間以上も上り下りできませんでした。私が、その夫に写真撮影を頼まれた時に、彼女に、「元気ですね。坊やを抱きながらこの坂道を」と言うと、彼女は、「独身時代は体が弱かったのですが、子供を産んでから強くなって」と笑顔で答えました。その夫は私の言葉に敏感に反応したようで、その会話の直後から彼が息子を抱いて坂道を歩き始めました。その時、私は、彼の疲労気味な顔色の悪さが気になりました。彼女と私は高台からの夕景を眺めて、「美しいですね」と言葉を重ね合いました。

　マドリッドに戻るバスの中でも、私はその家族と一緒でした。２人の幼子たちは楽しそうに静かに遊んでいました。マドリッドに着くと、彼らはタクシーに乗り込み、彼女は笑顔で私に会釈しました。素敵な笑顔の女性でした。互いに名前も知らせ合うこともない縁でしたが、良い出会いでした。一方で、私には理想的とは思われない、伝統的かつ典型的な日本人の家族像、仕事に忙し過ぎて疲労気味の夫と、子と家庭を支える忍耐強い妻、その姿をその夫妻に見たような気がしました。母の笑顔は子の笑顔になることも改めて感じました。

トレドからのバス：在スペイン日本人からの情報

　帰りのバスの中で、この国に長く住んでいる日本人女性と会話が進むようになったので、私は不思議に思っていたことを彼女に質問しました。

　「首都であるマドリッドでも、ほとんどの人が、若い人でさえ、英語が話せず理解できないのはなぜですか？単語の綴りはスペイン語も英語もよく似ているのに」と。すると、「ヨーロッパ諸国現在28か国の学力テストでは、この国が最下位です。教育を重んじない国です。英語教育も同様です。大国であったスペインの言葉が世界1番と思っているので、英語なんかという意識です。学校教育イコール幸福ではありませんので」との笑顔の回答でした。

　それは私にも納得できる話でしたが、「約30年間に渡って大学教育に携わり、高等教育も若者の幸せに繋がると思って、懸命に仕事をしてきた自分の生き様は何だったのだろうか？」と多少寂しくなりました。それでも、長年の教育現場での体験から、私は、「学校教育」と「学力」と「幸福」は直結しないことを実感してきたので、その寂しい思いはすぐに消えました。

　スペイン人の英語力、大聖堂付近の物乞う人、加えて、不思議に思うことがありました。「闘牛の国」と言われるこの国がカトリック国であることです。闘牛のタイル画が誇らしげに壁に掲げられているカフェにも入りました。

　キリスト教に関する私の狭い知識では、仏教とは異なって、「人間は蛇以外の全ての動物を管理し支配して良い」とされていると理解しています。それでも、牛も人も命の危険に晒されながら楽しむ闘牛と、人がより良く生きるための信仰であるカトリック、それらは私には矛盾するものに思われます。それについて尋ねると、やはり、現在、闘牛は法律で禁止されており、闘牛場は巨大スーパーなどに変身しているとのことでした。調べてみると、20世紀末にカナリア諸島で、今世紀に入ってからはカタルーニャ州の法律で闘牛が禁止され、それがスペイン全土に広がっているとのことです。

　日本でも伝統的な「牛の角突き」があり、その光景に喜ぶ人々も多いです。

私は、写真の仲間に勧められてそれを見たことがありますが、残酷に思われて、写真も撮ることができず、2度とそれを見たいとは思いませんでした。人間が己の遊びや儲けのために動物を勝手に使う行為が私は嫌いです。でも、皮肉なことに、その夜にホテルで食べた牛肉のステーキがとても美味しかったです。加えて、バニラミルクのアイスクリームも。ここは「牛様」の国です。

ホテルのレストラン：賑やかな神父一団

　ホテルのレストランで夕食を取りました。隣のテーブルでは、2人の神父を囲んで、正装した5人の男女がワインと食事を賑やかに楽しんでいました。その光景に、日本で知っている酒好きなイタリア人神父を思い出しました。また、僧侶と檀家の賑やかな宴も頭に浮かびました。宗教は、国や人種を超えて、人の輪を作る働きもあるのでしょう。私も楽しくなるような和やかな光景でした。

プラド美術館：日本人との出会い、ゴヤとグレコの絵

　この美術館は、19世紀初頭に王室コレクションを展示するために開館され、現在は、3万点以上の美術品を所蔵しているとのことです。午前中の早い時間だったのに、美術館の前は長蛇の列で、館内には入場制限でした。列の中に幾人もの日本人らしき姿が見かけられました。私の前にいる日本人男女が親しげに話しかけてきました。「昨日はどこにいらしたのですか？」等々です。

　その大規模な美術館では、ゴヤの「ブラックユーモア」と光の描写、グレコの、ゴヤとは異なる光の描写が印象的でした。ショップには素敵な本やグッズがたくさんありました。それらの商品には日本語表記も多く見られました。

ソフィア王妃記念センター美術館：ピカソとダリの絵

　この美術館には20世紀の美術品が展示されていて、ピカソの『ゲルニカ』で有名です。やはり、ピカソとダリの絵は印象的でした。

「マドリッド1番」のデパート：意外に庶民的な店

　このデパートは、「マドリッド1番」とされているのに、意外に庶民的でした。日本では店員に監視されて鎖に繋がれているような高価なバッグが、店員不在のコーナーに無造作に置かれていました。革の生産国であるゆえか、日本での価格よりもはるかに安く、さらに "30% OFF" の張り紙でした。デパート付近も面白かったです。仮装した幾人もの大道芸人が楽しい芸をしていました。

マドリッドからバルセロナへの列車：車窓からの殺伐とした景色

　マドリッドから特急列車約2時間半で海辺のバルセロナへ。車窓から見られる景色は殺伐としたものでした。乾いたような灰白色か赤色の土地、所々で、オリーブと思われる埃を被ったような緑の木々が見られました。その光景は『ラ・マンチャの男』の舞台を思わせました。バルセロナの駅に近づく頃、やっと色鮮やかな緑色の畑が見えました。その付近の土地は肥沃なのでしょう。

バルセロナ

　15世紀に国の中心がマドリードへと移るまでは、この市は栄えていたようです。19世紀には産業革命によって不衛生などの都市問題が発生し、20世紀の初頭には自治と表現の自由を求めた騒乱が起こり、この市の復活がなされたそうです。その後、内戦でフランコ軍勢に侵略され、1970年代の反政府運動と独裁者フランコ死去を契機に、この市は一層繁栄することとなったそうです。（最近

はバルセロナを中心としたカタルーニャ州の独立運動が起きています)

滞在したホテル：街の中心地

　ここは、日本の都内の銀座通りのような商店街の近くにありました。街路の
イルミネーションが美しかったです。付近の店はバーゲンセールの最中でした。

スペイン村：スペイン伝統家屋が集まるテーマパーク

　ここは、1929 年のバルセロナ万博で造られたテーマパークで、国内各地から
117 の建物が集められ、その面積は東京ドームほどです。

　「どうせテーマパークだから」と期待せずに入りましたが、想像以上に楽し
めました。さまざまな伝統家屋が夕日に美しく映えていました。ここで食べた
茶色のパエリアは、日本のおじやに似ていましたが美味しかったです。

ホテル付近：イスラム教徒の姿

　夜までにはホテルに戻って、周辺を散策しました。大通りでは多くのイスラ
ム教徒らしき人を見かけました。バルセロナには国内で最多のイスラム教徒が
住んでいるそうです。マドリッドでも彼らは国内 3 位の多さのようです。

（屋台には大勢の人です）　　　（街の光が面白い写真になりました）

スペイン民族料理店：現地人家族との出会い

　民族料理店で夕食を取りました。伝統的な揚げ物の小皿料理が幾種類もありました。幾種かの小皿料理を美味しく食べました。私の隣の席には子連れの2家族がいました。女の子と男の子がじゃれ合う姿が可愛いので、彼らの写真を撮らせてもらいました。その家族も、子供が写真に撮られることが嬉しいようで、帰り際に、両親らしき男女が、笑顔で、「写真を撮っていただいて」と礼を言って帰りました。写真を撮られることへの礼の言葉は、この旅ではしばしば聞かれました。これも彼らの大らかさの表れなのでしょう。

　以前の韓国の旅では、商店街で唐辛子の赤色とそこに働く中年女性の姿が美しく思われたので、彼女に写真撮影の許可を乞うと、腹を立てられて強く拒否されたことがあります。その人は日本人嫌いか、写真嫌いだったのでしょう。

サグラダ・ファミリア：日本人観光客、エレベーター、美しいステンドグラス

　ここは、1882年から現在に至るまで建築中という、有名なアントニ・ガウディ設計の教会堂です。教会前にある小さな公園の池に映る教会は、実物とは別の、これもまた美しい絵となっていました。工事中の黄色のリフトも、教会と調和して見えました。

　その教会のロッカー前でも、エレベーター前でも、幾人もの日本人が私に話

しかけてきました。日本人は、美術館にしても、建築物にしても、美しいもの
を見るのが好きなのでしょうか、それとも、「右向け右」で、人の集まる所が好
きなのでしょうか。私もその日本人の１人ですが。ここでも、他の美術館でも、
東洋人と見れば、日本人で、韓国人や中国人はほとんど見られませんでした。

　そのような日本人からの笑顔の声掛けは、幾度かの英国訪問では決して経験
しなかったことです。ロンドン、ノッティンガム、スコットランドのエジンバ
ラで、私は現地に暮らす日本人から嫌な印象を受けた体験があります。彼らは、
皆、自分が日本人であることを恥じているように見えました。英国では人種差
別が根深いからかもしれません。スペインでの今回の体験とは異なり、それは
寂しいものでした。

　大英博物館併設のレストランで、私は日本人店員に無視され、彼は上司の英
国人に「君の国の人だろう。もっと親切にしなさい」と注意されていました。
それでも、彼は、私の傍に来ようとも、目を合わせようともしませんでした。

　ロンドンの日本大使館前では、私は道を訊こうとした大使館の日本人スタッ
フに無視され、黒人のスタッフが、私が探している場所に親切にも連れて行っ
てくれました。スコットランドの観光地や駅でも、日本語を話す人たちに目を
逸らされたことが多々あります。その時も、英国人や日本人以外のアジア人、
中国人やインド人、そして、ユダヤ人が親切にしてくれました。

　この聖堂内に２つあるエレベーターのうち、「受難の門」側のものではなく、
見晴らしが良いと言われる「生誕の門」側のものに乗りました。エレベーター
を待つ時に、私は目の前の注意書きに気がつきました。そこには、英語とスペ
イン語で、「6歳以下の子供、体の弱い人、妊婦、老人は乗らないように」と書
かれていました。「エレベーターに乗るのになぜ？」と、旅に関する準備不足の、
かつ、頭の巡りの悪い私には合点がいきませんでした。

　エレベーターに乗るやいなや、笑顔の女性スタッフの言葉、"Walk down"で、
私はその訳がやっと分かりました。帰りの下りは、「歩き」だったのです。螺旋

階段の踊り場から見える景色は美しいのですが、下り 400 段を歩くのは大変でした。イタリアのバチカン宮殿での下り階段を思い出しました。

　このステンドグラスは実に美しいものでした。数多くの教会のステンドグラスを見ましたが、これほど、個性的で、モダンで、壮大で、差し込む陽光の効果が大きいものは初めてでした。信者ではない私も、光の神秘的な力を感じて、神がいるような気分になりました。 1 時間以上もの間、私はそれを通して差し込む光を見つめて座っていました。（その美しさを油絵に制作中です）

（ 水面に映った教会堂です）（サグラダ・ファミリアからの眺めです）

（聖堂内の美しい光景です）

ボケリア市場：バルセロナの台所、フィリピン人、インド人、老人

　ここは「バルセロナの台所」と言われます。商品は色合い美しく並べられ

ていました。マジパン、ヌガー、チョコレート、ジェリーのグラム売り、生ハ
ム、果物、どれも目にも楽しかったです。親切なフィリピン人の店員に、「スリ
に気を付けなさい」と忠告されました。フィリピン人とインド人の店員が多い
ようでした。どちらの国も、かつてのスペインの植民地だったからでしょう。
印象的なことに、屋外の店で商いをする店主が、すぐ近くに年老いた親を座ら
せて見守っていました。老人を大切にする国柄とのことです。

（カラフルな菓子店の店頭です）　　　　（果物店の店頭です）

サン・パウ病院跡：美しい建物と庭、哀しい臭い

　これは20世紀初頭に建築された病院で、老朽化により閉院され、現在は世界
遺産となっています。古い建物と緑の庭が陽光を受けて美しく輝き、雀が水場
で遊んでいました。ホームレスの人もいました。付近に公衆トイレがないせい
か、尿の匂いが強かったです。美しくも哀しい場所でした。

　裏庭で猫を探しましたが、1匹もいませんでした。この街に来てから猫を見
ていませんでした。この国も猫好きな人が多いとされ、猫を神聖な存在とする
イスラム教徒も多く暮らしています。猫を大切に家の中で飼っているのかもし
れません。この国で写真家の岩合光昭氏が撮った猫はどこへ行ってしまったの
でしょう。人と一緒の犬は多く見られました。犬の写真を撮らせてもらうと、
飼い主に喜ばれ、多くの "Muchas gracias." が戻ってきました。

街中：美味しいタパス、雑貨屋の混血日本人

　病院跡近くのカフェでタパスを食べました。チーズとポテトがからっと揚がっていて、ソースの味とも合っていました。スペイン人は揚げ物上手です。

　そこを出て歩いていると、幾軒もの携帯電話屋が目に入りました。数年前に旅した中国大連での光景と似ていました。雑貨屋の店員は、日本人とスペイン人の混血でした。彼は、自然な日本語で、「日本が懐かしいです。スペインは嫌いですが。日本の心が好きです」と言いました。私が外に出ると、彼も一緒に出て、しばらく見送ってくれました。生まれ故郷が懐かしかったのでしょう。

フラメンコ・ショー：エネルギッシュなダンサーたち

　フラメンコ・ショーを見ました。日本人客が多くいました。私はダンサーのエネルギーに驚きました。それはどこから生まれるのでしょう。太陽光に加えて、この街のカフェやレストランでよく見かける、生ハムやニンニクやトウガラシもその要因となっているのでしょうか。また、その華やかで動きのある衣装や音楽とは対照的に、踊り手の、笑顔ではない、真剣で、しかめっ面とも思われるような顔の表情が印象的でした。それは、フラメンコという踊りの歴史的な背景から来るのかもしれません。

　カスタネットとタップのリズム音、ギターの調べ、真赤や真黒な衣装を纏ったダンサーたちの激しい動き、それらが私に強い刺激を与えたようです。そのリズム音とギターの調べが、私の眠気をさそい、一方で、真赤な衣装の女性と扇の動き、真黒の衣装の男性の動き、それらが私の眠気を拡散させて、私の意識を鮮明にしました。そのような不思議な体験でした。そのフラメンコは、英国の20世紀初頭の小説家D.H.ロレンスが語る古き文化の人々の踊りを私に連想させるものでした。この最後の5分間だけは写真を撮らせてもらえました。(そのフラメンコが素晴らしかったので、その光景を油絵に制作中です)

ピカソ美術館：アフリカ系家族との出会い、ピカソのデッサンと色の再認識

　この小さな美術館は、街の中心地の路地裏にありました。付近の古い建物は、英国で見られる古い建物に酷似していました。

　チケットを買うまで 10 分程度ありました。私の前にはアフリカ系黒人家族がいました。黒い肌にブルーのセーターと赤いアクセサリーが美しい姉と、その横には、仲良さそうな弟でした。待つ間、私は彼らの写真を撮らせてもらいました。その姉弟に撮ったばかりの写真画像を見せると、彼らは大喜びしました。私が黒い肌をあれほど美しく感じたことはありません。ピカソの絵にも感動しました。豊かなデッサンと色彩で、至った先は、モノクロ、キュービズムです。改めて、デッサンと色選びという、絵画基礎の大切さを教えられました。

雑貨店：日本に憧れる店主

　美術館付近の雑貨店に入りました。珍しくこの女店主は英語を話しました。「日本は憧れの国で、息子が京都で陶芸を学んでいる」と言いました。その辺には日本人が多く訪れるので、その影響で、その親子は日本好きなのでしょう。

菓子店：19 世紀末創業の老舗

　1890 年創業の菓子店にも入りました。創業当時の写真を掲げていました。ケースの中には、グラム売りのヌガー、チョコレート、マジパンが積木のようで

した。マジパンを購入して食べてみると、日本のものとは異なる味で、香りも良くて美味しかったです。素敵な女性店主は笑顔の被写体となりました。

カフェ：大きな人形が座る入口、たくさんの写真が飾られた店内

　カフェの入口には大きな人形が座り、その店内には古い写真が多く飾られていました。チーズとオリーブたっぷりのサラダと揚げ物を美味しく食べました。

ダリ美術館：多才な芸術家の作品

　この小さな美術館は、見つけ難い裏通りにありました。入口の上部には、異様なオブジェがありました。それが面白かったので、その写真を撮り、後で、それを知人の英国国教会の牧師に見せると、「逆さクロス、悪魔の記、神を冒涜している入口」と言いました。ダリは信仰深いカトリック信者だったそうですが。館内は静かで、他に3人の客だけしかいませんでした。そのうち2人は日本人でした。水彩画、オブジェ、彫刻等、ダリの多才に改めて驚きました。

サンタ・マリア・ダル・マル教会と広場：楽しい人物観察

　これは14世紀に建立されたゴシック様式の教会です。その広場には、ダンスする若者、スケッチする人、語らう若者、多くの人が出ていました。その中でも、ピンクのシャツを着て無心に絵を描く若い男性の姿が印象的でした。

レストラン：大晦日の夕飯、ここでも茶色のパエリア

　大晦日の夜でした。クリスマス続きでイルミネーションが輝くメインロードを散策しました。大通り沿いに並ぶ高級ブランドショップは、どこもバーゲンセール中で、店や街路には多くの人が賑やかに行き交っていました。

　夕食はホテル近くのレストランで取りました。ここも、次から次へと出入りする客で満員でした。魚介類のパエリアを食べました。この店の茶色いパエリアも美味しかったです。愛想の良いコックは、私の写真の笑顔のモデルとなってくれました。夜遅くまで通りもレストランやカフェも賑わっているようでしたが、かつて大晦日に旅したドイツのベルリンやイタリアのナポリなどと比べると比較的静かでした。何の騒ぎもなく、今年が静かに過ぎて行きました。

帰路の乗換アムステルダム空港：流れる綺麗な英語

　バルセロナの空港から帰路につきました。乗り換え空港のオランダのアムステルダムに着くと、綺麗な英語が整然とした空港のあちこちから聞こえてきました。その綺麗な英語音に、私は何となくほっとしました。スペインとは異なり、オランダは英語教育に熱心な国とのことです。その盛んな英語教育と関係があるのかいなかは良く分かりませんが、最近のオランダには、大麻とマフィアの大きな問題があるそうです。哀しいことです。

　空港のショップに可愛らしいチューリップの壁掛けがありました。乗り換え

時刻までの短い間に、急いでそれを購入しました。イスラム過激派のテロ事件がなければ、私はこの地を旅するはずでした。いずれその騒ぎも片付くでしょう。その時は、大麻問題も解決しているであろうオランダを旅したいです。

　今回、計画を急遽変更して旅することになった国、「スリに遭わないように」と知人や友人から助言されて向かったスペインでしたが、そのような目に遭うことはなく、イスラム教徒排除の動きもなく、イスラム教徒が楽しそうに旅する姿とスペイン人の大らかな笑顔と多くの名画も見られました。良い旅でした。

日本画 F20 号『ウィン君』著者作

日本画 F20 号『コスモス畑で』著者作

アメリカ合衆国

サンフランシスコ市、ヨセミテ国立公園

（2016 年 12 月～2017 年 1 月）

　サンフランシスコも、ヨセミテ国立公園も、どちらへも 2 度目の訪問でした。10 年ほど前に、ひとり旅したことのある懐かしい場所です。今回の旅では、現在のアメリカ合衆国の実相を垣間見ることができ、加えて、地球温暖化を実感することとなりました。

サンフランシスコ市

　この市は総合的な国内ランキングで第 4 位の都市とされ、人口の約 3 分の 1 をアジア系民族が占め、特に中華系が多いとのことです。また、全米第 2 位の人口密集地とも言われています。

サンフランシスコ空港：入国審査、人種差別が窺えるスタッフ配置

　午前 9 時過ぎに、成田空港から 9 時間で、この国際空港に着きました。陽光も、気温も、湿度も、東京とほとんど違いはありませんでした。

　入国審査場には長蛇の列でした。以前より厳重になりました。2009 年から ESTA（電子渡航認証システム）が導入された上に、全ての指の指紋を取られ、目の写真も撮られました。長時間に渡って質問されている人も見かけられましたが、私は、渡米目的に関する簡単な質問を受けただけで、すぐに自由になりました。

　入国審査官はほとんどが白人、その他の雑用向けというのも失礼だと思いますが、それらのスタッフは全て東洋人顔でした。厳重な入国審査にもかかわらず、空港には警官は見かけられませんでした。市街地でも同様でした。

　私は人種問題には比較的無頓着ですが、空港内のスタッフを見ていると、そ

47

の問題が頭に浮かびました。カリフォルニア州には多種の民族が住み、全米12位の人口を有するサンフランシスコ市にも多民族が住んでいます。第二次世界大戦直後はこの州から日本人が追い払われたという話もありましたが、その後は人種差別のない州とされ、サンフランシスコ市でも同様と言われていました。

しかし、そうではない話も聞いていたことを思い出しました。私の知人で、アメリカ人と結婚した日本人女性がいます。この市の近くに暮らす彼女から、息子に「日本人だと言われて苛められる」と言われ、彼女は彼にひどく反抗されたと聞いたことがあります。2001年のテロ事件の時に、私の彼女への見舞いのメールに対する返信に、"not my country, but my husband's country"とありました。日本語ではない、英語による、彼女の返信も思い出されました。

滞在したホテル：ここでも人種によって異なる職種

雨季だというのに、この日は快晴でした。私が来る前の週は天気が悪かったとのことで、私が旅先でよく経験するラッキー現象でした。ノブヒル近くのホテルは、その外観も内部も美しいものでした。部屋に至るまでに会った掃除中の全てのスタッフは東洋人顔でした。彼らの話す英語が聴き取り難いので困りましたが、私が話す英語は理解してくれたようです。

ホテルに着くなり、携帯の電池が切れそうだったので、私は持参した充電器をコンセントに入れようとしました。それがコンセントの穴と合わずに、廊下のメイドに訊いても駄目でした。フロントの白人スタッフに訊くと、「1つしか貸出ししないから、ファーマシーで購入したら良いでしょう」とのこと。

その買い物のために大通りに出ると、信号機の色が日本のそれとは異なっていました。人は白色の歩行者模様になると渡り始め、橙色の手模様に変わると渡れる残りの秒数が出ます。自動車向けは日本の信号と同じです。人と自動車用が異なる方が、より危険を回避できそうです。ファーマシーでプラグを3つ求めました。その店は日本のコンビニ以上の品揃いでした。

SF・MOMA（サンフランシスコ近代美術館）：チケット代金、驚きの写真コーナー

　この美術館はニューヨークのモマに劣らぬ充実度を持つとされるものです。私は海外で美術館を訪れると、そこの入場料が気になります。その国の文化教育に対する姿勢が推測できるからです。ここでは、常設展のみでは、大人25ドル（約3000円）、65歳以上のシニア22ドル、19歳〜24歳19ドル、18歳以下無料でした。シニアの年齢証明提示は要求されません。高校生も中学生以下と同じに無料というのは良いことです。日本では、高校生については、美術館によっては無料、半額等、さまざまなようで、最近は、若者と高校生の美術館無料化が求められているようです。また、そこの大人やシニア料金は日本よりも高額でした。高校生以下の負担をしているのでしょう。館内フラッシュ無撮影可は、この市内の他の美術館でも同様でした。これも日本とは異なる点です。

　美術館の建物は立派でした。そのモダンな建物に入って見上げると、階段を歩く人の姿が美しい小さなシルエットとなっていました。

　展示物に関しては、特に写真のコーナーが印象的でした。その場所が見つからず、スタッフに訊くと、自分が推測した場所でした。"Photography"と記されているのに、その場だとは確信できなかったのは、日本で見慣れているような写真とは全く異なる作品が展示されていたからです。そこには、レントゲン写真のような組写真が並び、コラージュと思われる広域の航空写真が並んでいました。近づいて良く観ると、やはりコラージュでした。モノクロの無数の写真を切り取り、それらを張り合わせてありました。写真と絵画芸術が融合するような新たな世界でした。*Japan Tokyo*という作品もありました。日本人の西野壮平という写真家の作品でした。日本人の写真家に、日本ではなく、アメリカで、新たな写真の世界を知らされました。

　絵画のコーナーでは、マティスとブラックとピカソの作品が良かったです。ここで初めて、ピカソの絵に描かれる黒い線がベルナール・ビュッフェのそれに似ているように思われました。

（大きな SF・MOMA の館内です。階段を歩く人が小さく見られます）

Ferry building Market Place(フェリー市場)：有名店揃い、芸術家の広場

　以前はフェリー乗り場だったというこの市場には、カフェ、雑貨屋、八百屋、コーヒー店、ナッツ店、キノコ専門店等がありました。周辺には多くの体格の良いカモメがいました。体格が良いと言えば、この街に来てから白人男女が大柄なのに気づいていました。2年前のベルリン旅行で見たドイツ人も大柄でしたが、それ以上です。遺伝的なものでしょうか。東洋人顔の人々は小柄が多いようでした。もちろん、体が大きいことが立派なことだとは言えませんが。

　そこのカフェでチョコレートケーキとコーヒーを注文しました。ケーキの味はヨーロッパの物には敵わないだろうと思いましたが、それは間違いでした。その味の濃いケーキは薄味のアメリカン・コーヒーと良く合っていました。

　カフェ店内の壁には、豚小屋と豚の写真に絵の具か、マジックか、墨か、何かの画材で手が加えられて新たな作品となったものが貼られていました。写真と絵画の融合作品でした。また、鶏の人形が2つ飾られていました。中国人が多く暮らす所だからでしょう。中国では豚は財産の象徴とされ、2017年は酉年です。何しろサンフランシスコ市内は中国人だらけといった印象でした。

　八百屋では幾種ものカボチャが並び、鶏が描かれた布製の手提げが売られていました。私はまた日本画で鶏の絵を描いているので、参考までにそれを購入

しました。

　市場前の広場では、アマチュア芸術家が作品を売っていました。ガラスに美しい絵を描いたコースターや花瓶を作って売っている、優しい顔の白人女性がいました。白いガラス地にトンボや花の絵も印象的でした。彼女は、私に、「dragonfly は日本語で何と言いますか？」と尋ねました。私が「トンボ」と言うと、その女性は笑顔で幾度も「トンボ」と言いました。楽しいひと時でした。美術学校の学生という若い白人男性の店も面白かったです。古い流木にレーザーで絵を描いた作品がありました。この人とも楽しい会話が持てました。

（広いマーケットです）　　（多種のカボチャが並べられています）

（かつてのフェリー乗り場が市場です）　（体格の良いカモメです）

Grace Cathedral（グレース大聖堂）：ゴシック建築の外観

　この大聖堂は全米で第３位の大きさを持つゴシック建築様式の教会です。

51

ゴールドラッシュの時代に建立され、その後に焼失して、1964年に現在の建物になったそうです。宗教的にはローマ・カトリックとプロテスタントの中庸とされ、ノブヒルという高台にあります。その日はクリスマス直後なので、聖堂内には入れないとのことでした。私はそこには再度来るつもりで、急坂を歩いて下りました。

坂道：美しい街の光景

坂からの見晴らしは素敵でした。路面電車の姿も街並みに合っていました。この付近の景色は何年か前に見たものと変わっていないようでしたが、城のように豪華な新たなホテルがありました。地元の女性2人が、そこを指さして、「あのレストランは値段が高いが、料理はまずい」と、大声で話していました。

中華街：感じの悪い広東人と感じの良い香港人

ここは全米1の中華街で、2万人の中国系人が住んでいます。この市全体では中国系は17万人がいます。彼らの支持を得て、現在の中国系人のサンフランシスコ市長が誕生したとのことです。(2017年に死去。2018年以降はアフリカ系女性市長となっています)1万人の日系人がこの市に暮らします。中国系人の17分の1です。昨年秋の市議会で、日系人の反対にもかかわらず、中国系人市長と11人中6人の中国人系議員によって韓国慰安婦像の建立計画が可決されま

した。地元の人が、「慰安婦像が建立されれば、日本人観光客にとっては居心地の悪い場所になるだろう」と言いました。慰安婦問題は、確かに日本人の罪ですが、戦争という狂気状態における人類全体の罪にも思われます。

　中華街には広東料理店が多く、私が入ったレストランもそうでした。その大きな店内で、ワンタン、チャーハン、クルマエビの甘酢煮を食べました。薄味で美味しく食べましたが、店員が無愛想でした。私は、入口に飾られていた赤い人形を見ると、台湾の神像を思い出したので、無邪気にも、「台湾の人形ですか？」と尋ねました。店員は、「広東のもの」とぶっきらぼうに言い、嫌な顔をしました。台湾と広東との関係を考えれば、彼の嫌な顔は当然なのでしょう。

　香港人が経営する土産物屋では、スタッフは、私が日本人だと分かると、親しく話しかけてきました。「親友が日本人で、日本に行きたい。日本はカワイイ物がたくさんあるから」とのことでした。一口に中国系と言っても、台湾、香港の出身者もいれば、それ以外の地域からの出身者もいます。この市でも、台湾人と香港人は、他の中国系人や韓国系人に比較して親日的だと思いました。

街中：ヤンチャな若者の不在

　人出の多い通りには、若い男女が抱擁する姿やヤンチャな若者が騒ぐ光景は全くありませんでした。この市に着いてから、そのような姿を1度も見ていません。2年前の同じ時期に、気真面目な若者が多いドイツのベルリンを旅した時にもそうでした。もしかしたら、学歴社会、競争社会と言われるアメリカでは、若者が勉強や仕事に忙しいのかもしれないと思いました。

ホテルのカフェ：ピーナッツたっぷりのアイスクリーム、素敵な写真展示

　ホテル内のカフェでピーナッツバター・アイスクリームを食べました。私の好物のピーナッツバターがたっぷりでした。また、そこには市内の写真や版画が多く飾られていました。好きな組写真もありました。ブリッジの夜景写真で

す。夜間に光を撮影すると、カメラの焦点が合わずにボケることがありますが、私はその種のボケ写真も好きです。そこに堂々と飾られていた写真は、それを美しく活かした組写真でした。見ていて嬉しくなりました。

ホテルのレストラン：アメリカン・ブレックファスト

　ホテルの朝食は、どっさりの野菜サラダ、フライドポテト、ピーマンと玉ねぎの炒め野菜、ベーコン、スクランブル・エッグ、パンでした。その量が多過ぎるし、予想以上に高額なことにも驚きました。

Legion of Honor 美術館：美しい景色

　ここは、1924 年に第一次世界大戦で戦死したカリフォルニア出身の兵士に捧げるために、パリのレジオン・ドヌール宮殿を模倣して建てられたそうです。ヨーロッパ芸術の殿堂として、紀元前 2500 年～紀元後 20 世紀の美術品約 12 万4000 点以上を所蔵しています。サンフランシスコ湾を見下ろす高台にあり、周囲の景色も美しいものでした。フランス 18 世紀の家具、ヨーロッパの代表的画家の絵、青空に映えるロダンの彫像作品が素敵でした。

De Young 美術館：アメリカ人画家の絵

　この美術館は、1894 年の万国博時に建てられたビルを利用して、その翌年に開館され、その後、2005 年にリニューアル・オープンしたそうです。

　ここでは 17 世紀から 20 世紀までのアメリカ人画家の作品が見られました。これまでは、私はアメリカ人画家というものを知りませんでした。最近、日本でも、写真以上にリアルな絵を見ることがありますが、ここにも超リアルな油絵がありました。カメラで腕の良い人が撮った写真との違いは良くは分かりませんが、これもまた美しい絵だと思いました。写真とは立体感と色が異なるように思います。色使いは絵画で何よりも大切に思われます。超リアルな絵の中

54

でも、1890年に油絵で描かれたWilliam J. McCloskeyの"Oranges in Tissue Paper"が印象的でした。また、好きではありませんが、興味深く思われた絵は、ドル紙幣を細かく切ってコラージュして新たな作品にしているものでした。

美術館からの帰りのタクシー：人気の日本庭園、立派な街路樹

　このタクシーの窓から日本庭園の玄関が見えました。「日本人好き」な運転手の話ですと、ここは多くの現地人に人気があるそうです。京都を思わせる門が見えました。また、車窓から見える街路の木々も見事でした。ヨーロッパや日本の街中では見られないような、多くの枝分かれをした高くて太い木々が育っていました。

アジア美術館：活躍する日本人作家

　これは、20世紀初頭に図書館として建立され、21世紀初頭に美術館になった

そうです。東洋美術を収納する美術館としては、全米最大規模で、18000以上の作品が収納されています。建物も展示も見応えがありました。特に、東南アジアの仏像、日本の茶室、日本人作家による白い陶器と竹細工が良かったです。細かな細工の陶器や竹籠が暗闇の中で光を受けて、白い敷布に美しい影となっていました。谷崎純一郎の『陰翳礼讃』の世界が私の頭に浮かびました。

"Potters and Poets" というコーナーでは、ビデオ画面から日本語が流れていました。田中 功起という日本人の企画でした。複数の人が共同の陶芸作品と詩を作っている光景でした。田中氏は世界で活躍している芸術家のようです。サンフランシスコ近代美術館でも日本人の活躍が見られましたが、海外における日本人芸術家の活躍は嬉しいものです。

（日本人作家の作品です）

日本人街 ： 中国人、タイ人、ベトナム人の街

この街は第二次世界大戦前からあるそうです。小規模な街です。私は以前も同じ時期にここに来ましたが、今回は、日本人スタッフも客も全く見られず、中国人がさらに多くなっていました。

この街で日本食堂に入るのも変かもしれませんが、そこに興味がありました。その店を覗きました。これも参考までにと、きつねうどん、わかめサラダ、奴豆腐、コロッケを食べました。日本の味とほとんど変わりませんでしたが、きつねうどんの油揚げの味が悪かったです。

この店内の全ての店員が東洋人顔でした。"Excuse me. Are you Japanese?"

と訊きくと、全ての人が"No"でした。タイ人とベトナム人でした。そうであることは推測できました。私が店に入った時の彼らの無表情さ、そして、以前この街で聞いた話、「多くの日本人店主は韓国人などに店を譲り、ハワイに行ってしまった」というものです。

　紀伊国屋書店やダイソーもありました。紀伊国屋書店は日本の漫画本の販売で繁盛しているとのことでした。日本の漫画は世界規模で人気があるようです。

（日本人街の西館の入り口です）（壁に平和という文字が印象的です）

（店内には日本語のメニューですが、日本人の店員も客もいないようでした）

ミュージカルの劇場：『ライオンキング』

　アメリカ史上最も成功を収めた娯楽作品とされる、ディズニーのミュージカル、『ライオンキング』を鑑賞しました。満員の観客でした。特に、子供連れの家族が目立ちました。お洒落上手な大柄の黒人カップルが幾組もいました。

　この公演は素晴らしいものでした。舞台装置、照明、演者の動きと歌、衣装、どれも迫力がありました。動物の世界を語るストーリーは、若者が励まされるような前向きのものでした。観客の間や2階席の入り口から演者が出入りする

演出、舞台で宙づりになる演出、それらには現代歌舞伎との共通点が見出されました。また、東洋の伝統とされる影絵も効果的に使用されていました。そこには写真芸術に繋がる美しさも感じました。

Golden Gate Bridge（ゴールデン・ゲート・ブリッジ）：美しい日本人女性

　これは、サンフランシスコ湾と太平洋が繋がる海峡に架かる吊り橋で、全長2,737mあります。1937年に完成し、1964年にニューヨークのヴェラザノ・ナローズ橋が完成するまでは、スパン世界1位であったとされています。

　この日も快晴でした。青い空と海に星条旗と赤いブリッジが映えていました。日本にもこれに似た橋が出来たせいか、以前のようには感動しませんでした。そこにいる人々の中に、日本人はあまり見られず、日本人以外の東洋人が多いようでした。カフェで、ホットドックを食べ、アップルジュースとアメリカン・コーヒーを飲みました。ホットドッグのソーセージは味が良かったです。

　散策していると、珍しく、日本人だとすぐに分かる若い女性の2人連れに会いました。スタイルが良くてお洒落上手でした。私の推測どおり、彼女達から日本語が聞かれました。私は、中国人も韓国人も東南アジア人も、彼らに対して全く差別感は抱いていないと信じてきましたが、若い日本人女性は美しい人が多いように思います。韓国や中国の女優やタレントは日本人好みの美女も多いですが。ここで見かけた彼女たちは、容姿だけでなくて、歩き方も美しかったです。たぶん、多くのアメリカ人には、日本人も、中国人も、韓国人も、東南アジアの人も、揃ってアジア人かもしれませんが。

イエロー・キャブ："dangerous"な相乗り体験

　Welcomeセンター前で、私が帰りのタクシーを待っていると、イエロー・キャブの運転手が車の窓を開けて声をかけてきました。車内には、母娘のようなアメリカ人客がいました。運転手が言うには、長く待たされるから相乗りす

るようにとのことでした。明るい表情で人相の良い運転手と、同じく、人相の良い2人の女性客だったので、私は大胆にも車内に乗り込みました。

　私が車に乗るやいなや、運転手からの"Are you Japanese?"という問いでした。彼は、「ジム通いの代わりに、日本人の友人に貰った一輪車でこの街の坂を登り降りしているが、dangerousで使いこなせない」と、笑いながら言いました。

　イエロー・キャブの相乗りとは何か変なので、調べてみると、この市内のイエロー・キャブはすでに倒産申請を行っていて、運転手の数も少なくなっているとのことでした。異国のタクシーでの相乗りとは、私は彼の一輪車の坂下りと同じくらい"dangerous"なことをしましたが、それも楽しい体験でした。

Fillmore Street(商店街)：日本のファッション、ゲイらしき店員

　ここにはお洒落な店が多くありました。ある店に入ると、日本的な雰囲気でした。やはり、"Made in Japan"の掲示、Issey Miyakeの商品とM & Kyokoのニット商品がありました。どちらも私が長年に渡って愛用しているブランドです。丈夫で、着やすく、デザインも好きで、比較的安価に手に入るものが多いです。ここは50%offでしたが、アメリカで日本の物を購入するのは馬鹿らしいので、店員には申し訳ないけれどすぐに店を出ました。自分のファッション感覚がこの街の女性と共通していることも嬉しかったです。珍しいデザインの品が揃っている文具店では、女性の化粧をした男性店員が親切に対応してくれました。それ以降、この街で幾人もの親切なゲイらしき人と会いました。

レストラン：ペルー人の店、親切なスタッフ

　メキシカンと思われる店で昼食を取りました。店員に尋ねると、ここはペルー人の店でした。その問いかけの後、その店員はにこやかになったように思います。広くて清潔なトイレ室の前の壁には、民族衣装のペルー人の写真が2枚ありました。

この店でステーキ・サンドを食べました。サラダ付き炭火焼サンドで、チーズ、トマト、玉葱入りで、美味しかったです。私の席から調理室が見えました。ステーキを焼く炎が高く上がった時、私が声を上げると、威勢の良い女性コックは私の顔を見て大きな笑顔でした。食事を終えると、女性の店員にタクシーを呼んでもらいました。なかなかタクシーが来ないので、幾度も、幾度も、彼女は外を見てくれました。親切な店員でした。

Alamo　Square（アラモ広場）：美しい家並み、大勢の中国人

この広場は、英国ヴィクトリア朝時代の建築を真似た美しい家並みが望めるということで有名な場所です。広場内は工事中でしたが、その前にはたくさんのカメラを持った人がいました。ほとんどの人が中国人のようでした。

市庁舎までの街中：地味な救急車とパトカー、美しい工事現場

広場から市庁舎まで歩きました。その途中で、救急車とパトカーです。驚きましたが、それは小さな交通事故でした。救急車もパトカーも音と光は派手でしたが、車自体は地味な色合いでした。救急車の色は規定がないようです。

救急車とパトカーに驚いた後で、街並みを楽しみながら、市庁舎の大きな建物を目標に1時間ほど散策しました。工事現場のネットや塀が美術作品のように美しいものが多くあり、クリスマスツリーを飾っているものもありました。日本の工事現場ではあまり見かけられそうもない楽しい光景でした。

市庁舎とオペラ座：敗戦ではなく勝戦記念

市庁舎は、ローマのサン・ピエトロ寺院を真似て造られたという素敵な建物でした。オペラ座は、1932年に歌劇場としてオープンされ、1945年サンフランシスコ会議、1951年講和条約の調印をした場所でもあります。日本の歴史にとっても重要な場所です。

この市庁舎前に、「終戦を記念して」と記されたパネルがありました。私はその立派な建物を前にして、アメリカの終戦記念は、日本の敗戦記念とは異なり、勝戦記念だと改めて思いました。良くも悪くもアメリカは大国です。

Castro Street：レインボーの街、親切な店員

　ここは「LGBTの街」と言われる所です。彼らの象徴とされるレインボー模様が美しい街でした。地元の人に言わせると、「LGBTの人達は学歴があり、良い仕事に就いている人が多いので、金持ちが多い」とのことでした。心に痛みを抱えると思われるLGBTの人たちがある意味で社会的に優位な立場にあることが、私には皮肉に思われました。彼らは人一倍努力家なのかもしれません。また、地元の人が言った、「高学歴の人が良い職業に就き、それによって財を得る」という考え方を当然と考える人も多いかもしれませんが、この論は哀しいものです。同じく、戦後アメリカの影響が強かった日本や韓国の多くの人々が抱いてきた考えかもしれません。この大通り付近は治安が良いとされる高級住宅地で、英国ヴィクトリア朝時代の建物を思わせる、1軒、日本円で数億円するという家が並んでいました。

　ここではペットショップが賑やかでした。私の愛猫は、生後間もない頃に首を咥えていた親猫の感触を思い出すのか、首輪が好きです。加えて、忘れているはずの親猫の色も好きです。親猫と一緒にいた時の安心感は、その記憶の奥深くに生きているのでしょう。どの猫も同様に思われます。私と猫との生活は、私が物心ついた頃から現在に至り、さまざまな猫との同居からの推論です。

　その店で、私が愛猫への土産に首輪を求めようとすると、柔らかな口調と仕草のゲイらしき男性店主が首輪の説明を丁寧にしてくれました。例えば、猫用と犬用の違い等々です。私の猫、ウィン君の柔らかなグレーに似合いそうな、キラキラ輝くブルーの首輪を求めました。

（英国ヴィクトリア朝時代の建築に似た民家が並んでいます）

パステル画 F6 号『ウィン君』著者作

再びの Grace Cathedral：立派な内部、また親切な LGBT のスタッフ

　この日は夕方でしたが、やっと聖堂内に入れました。キリスト教監督派全米
3 位の大きさです。外部はライトアップで美しく、内部は美術館のようでした。

　床の迷路図も美しく、キース・ヘリングがエイズで亡くなる直前に制作した
という作品も良かったです。彼の作品はエイズ撲滅を願って制作されたものと
のことです。古めかしい宗教画やステンドグラスも見事でしたが、それらとは
対照的に思われる彼の現代的作品にも、天井から垂れる蛍光灯の光を用いた現
代アートにも驚きました。天井から蛍光灯の光で階段像が描かれ、そこを上り
下りする人間像も光で描いていました。イエス・キリストも、キース・ヘリン
グも、天と地を行き来しているのでしょう。現代アートと教会との組み合わせ

が印象的でしたが、いつの世も、アートと祈りは密接に結びついています。白ではなくて、黒い大きな聖者像に、祈りの文字が書かれた多くのピンクの紙が衣として掛けられていました。黒い聖者像はこの街らしいものです。

　この階下は教会付属の店でしたが、すでに閉店していました。女性の化粧と髪型をした、男性と思われる店員が片づけ中でした。彼は、私を見ると、「トイレですか」と言って、物柔らかな表情でその場を親切に教えてくれました。教会付属の店にゲイらしき店員とは驚きでした。過去のアメリカ社会では、ゲイは罪人として処刑されました。その悲劇を語る映画や小説が思い浮かびました。英国国教会の牧師の言葉、「同性愛は小さな罪」も思い出されました。キリスト教世界において、もはやゲイや同性愛は小さな罪でもないのでしょう。

　　（黒いマリア像です）　　　（人の姿をした光が登り降りします）

ホテルのレストラン：量の多い料理、ここでも人種によって異なる職種

　夕食に、甘く煮た人参まるごと1本が添えられた、直径15センチ厚さ3セ
ンチくらいの大きさの、香ばしい匂いのビーフ・ステーキを食べました。レスト
ランの下働きは全て東洋人顔で、レジ係りは白人でした。他のどの店でも、レ
ジ係りは白人のみでした。これにも人種差別の明らかなアメリカ社会を感じま
した。それとは対照的に、レストラン中央の大テーブルを囲んで、白人、黒人、
東洋人の仲間が歓談しながら会食を楽しんでいました。そのコーナーだけは、
人種差別など全く感じさせない和やかな雰囲気でした。

　日本ではアメリカ国内の共和党トランプ氏に対抗する騒ぎが報道されていた
のに、それらしきものが見られないので、地元の人に訊きました。大統領選で
は、この州は民主党ヒラリー氏が400万票上回ったけれども、制度上、それは
生きなかったようです。カルフォルニア州同様に、この市でも、トランプ氏は
好まれていません。クリスマス数週間前にこの市内でも大きなデモがあったと
のことでした。（2020年秋の選挙でトランプ氏は大統領選に敗北しました）

街中：さまざまなアメリカ英語

　街中に流れる英語の音はさまざまでしたが、私には早口で聞き取り難いもの
でした。ヨーロッパ諸国で流れる英語の方が理解しやすいです。この街のどこ
にいても聞こえてくるような中国人の英語も理解し難かったです。加えて、東
洋人顔ではない白人のアメリカ人に、"Are you Japanese?" と訊かれ、"Yes"
と答えると、にこやかな表情になる人が多いことも印象的でした。日本人と肌
の色は違わず、顔や姿が似ている多くの中国人や韓国人は、日本人が好きでは
ないようでした。これも第二次大戦が残した傷跡のように思われます。

ヨセミテ国立公園：温暖化現象

　市内からこの国公園までバスで約4時間でした。トイレ休憩に降りたサー

ビエリアでは驚きと落胆がありました。10年ほど程前に来た時は、休憩するショップから一面果てしなく続くアーモンド畑を見渡せて、私はその広がりに感動したものです。当時の店には、地元産の向日葵の種や地元の人の手造りオブジェが並んでいました。今回は、アーモンド畑の先端は間近に見え、休憩所には多くの自動車が並び、そこにはガソリンスタンド兼コンビニがありました。

　ヨセミテ公園に着いて、また落胆しました。最も寒い時期というのに、周囲は凍っておらず、地面の上には雪が薄らしか積もっていませんでした。以前は、私はカチカチに凍った地面に恐々と立ち、真っ白な山々、凍った池や木々、その池の上にかかる白いベールの神秘的な美に、畏怖の念を抱いたものです。

　温暖化が進み、雪は少なくなり、雪解けも1か月早くなったそうです。大きな岩山を除けば、冬景色は日本で見るものよりも劣っていました。しかも、人や自動車の数が多過ぎるせいか、神秘性も感じられませんでした。一方、雪や氷による足元の危険度が低くなったためか、子供の遊ぶ姿が多く見られました。

宿泊したロッジ：日本人青年との出会い、親切なスタッフ

　ヨセミテ公園の入口付近のロッジに宿泊しました。岩間を流れる川の音が心地良かったです。夕飯はロッジの食堂で食べました。その店が開く少し前に、入口にいると、私にも分かり易い綺麗な英語で、"Excuse me. Are you waiting here?" と言う若者がいました。彼の英語と顔から日本人に違いないと思い、私が "Are you Japanese?" と訊くと、彼は笑顔で肯定しました。ひとり旅の大学生くらいの若者でした。彼は待つ間も静かに読書をしていました。読書の時間

を邪魔するのは失礼に思われたので、彼にそれ以上は話し掛けませんでした。

　そこの料理の味は良かったですが、その量が多過ぎました。rainbow trout（ニジマス）のソテーを食べました。サラダとスープはビュッフェ形式でした。白人の親切そうなウェイトレスに、「一皿の量が多いし、サラダとスープはビュッフェなので、その他の料理はたくさん注文しない方が良い」と忠告され、それに従っていたので良かったです。

アンセル・アダムスのフォトギャラリー：好きな写真家のショップ

　アンセル・アダムスのフォトギャラリーに入りました。彼は、モノクロでヨセミテの自然美を撮り続けた、サンフランシスコ出身の、私が好きな写真家です。館内はギャラリーというよりはショップだったので、少しがっかりしました。彼の作品のカレンダーとアメリカン・インデアンの手作りアクセサリーを買いました。「日本では絶対に手に入らない」と店員が言いました。私はその言葉に弱いようです。その店員も、公園内のレストランの人も、ロッジの人も、"Are you Japanese?" という問いかけに私が答えると、笑顔で、親切な言動になりました。彼らにとって日本人は有難い客なのでしょう。

公園内ロッジ：イタリア系の親切なスタッフ

　公園内にあるロッジのカフェでは、目の澄んだ、優しい表情の、イタリア系中年男性がテーブルの片づけをしていました。店内にいる子供客に笑顔で話しかけていました。私にも、「クリスマスツリーの前で写真を撮るから」と申し出てくれました。別れ際に、「気を付けて旅をして下さい」と笑顔で見送っていました。彼にチップを渡し忘れましたが、その額で表情が変わる人の多い国で、そうではない人もいます。彼が写してくれた私の写真を見ると、自分の顔が優しい表情に写っていました。写す人と写される人の心の交流が正直に写真に出ます。そして、人種は異なっても、心優しい顔と瞳は共通するものです。

大晦日のホテル：正装した現地人、小さなデモ

　夜にはヨセミテから戻りました。ホテルには着飾った人々が集っていました。大晦日です。男性はネクタイにスーツ姿、女性はラメが光るドレス姿でした。同じ時期に幾か国も旅行しましたが、正装姿の集まりは見られませんでした。ラフと言われるこの国の人の中には、古い伝統を大切にする人も多いようです。また、海辺で新年祝いの花火が上げられましたが、そこでは、「その時だけ近くにいる誰とでもハグやキスをして良い」との習慣があるそうです。これも日本ではありえないことです。ホテルで食事を取っていると、小さなデモらしき集団が見えました。興味本位に外に出て見ると、トランプ氏批判のデモでした。

Fisherman's Wharf：大観光地

　ここは港の観光地です。以前の旅では、大海原に高く踊るトランポリンに乗った人の姿が印象的だったと記憶しています。今回は、多くのショップが立ち並び、大勢の人が群がり、多く並ぶ自動車の中で、それは小さく見えました。また、当時も同じ場所にあった、量り売りするカラフルなバスソルト屋も、同じく小さく見えました。この観光地も時と共に変化しているのでしょう。

水族館：貧弱に思われる展示

　私は動物園と同じく水族館も好きです。人間以外の生物を眺めることが楽しいからです。ここでも水族館を覗きました。気真面目そうな若いスタッフが一生懸命に展示生物の説明をしました。彼の説明は丁寧でしたが、日本の水族館の方が見応えがあるので、そのスタッフには申し訳なく思いましたが、すぐに外に出ました。外では、カモメが遊ぶハーバーの景色が美しかったです。

メキシコ料理店：美味しい料理、人懐こいカモメ

　メキシコ人の店でランチを食べました。アボガド、薬草入りのシュリンプ・

カクテル、チュロス、メキシコ煎餅にしました。私の席のすぐ近くで、肥った
カモメが食べ物を欲しそうに私の顔と皿を見つめていました。メキシコ煎餅を1
枚与えると、そのカモメは喜んで、しばらくその場を動きませんでした。

　シュリンプ・カクテルは香りも味も良かったです。チュロスはキャラメルソ
ース付きでした。外はカリカリ、内はしっとりで、美味しかったです。食事中2
度、店員が「美味しいですか？」と様子を見に来ました。私が食べ終わる頃、
カモメも近くのハーバーに飛んで行きました。カモメの姿も美しいです。

パステル画F6号『カモメ』著者作

紅茶店：イタリア人店主

　イタリア人が店主で、品揃えが豊富な、素敵な紅茶専門店に入りました。こ
こでも、私は「日本人でしょう」と言われ、その店主は、「父親がシシリア出身

で母親がナポリ出身」と、彼のルーツを自分から話し始めました。イタリア人だからか、彼の話す英語は私には聴き取りやすいものでした。また、その店からのハーバーの眺めは、以前に訪れたナポリの港によく似ていました。そのイタリア人店主は、毎日、故郷を思い浮かべながら仕事に励んでいるのでしょう。

Marcy's デパート：ユニオン・スクエア、不親切な黒人スタッフのいるカフェ

　この８階にあるチーズケーキで有名なカフェに入りました。庶民的な雰囲気で混雑していました。ポケベル式で順番を待ち、20 分待って席が得られました。待つ間、窓から見えるユニオン・スクエアでスケートをする人々がミニチュア人形のようでした。この大きな街を造った人間は、実に小さな生き物です。

　チーズケーキを食べて、アメリカン・コーヒーを飲みました。良い味でしたが、量が多かったです。テーブルの片づけ専門の黒人スタッフが、黒人客には笑顔で冗談を言っているのに、それ以外の客に対しては大柄な態度を取っていました。レジの白人女性は親切でしたが。黒人が長年に渡って虐げられたという歴史、加えて、現在も虐げられた生活を送っているという自覚や被害者意識が、黒人にそのような態度を取らせているのでしょうか。（現在のコロナ禍で、アメリカでの黒人による東洋人襲撃が報道されていますが、東洋人が黒人よりも経済的に良い生活を送れているということが原因と指摘されています）

　このデパートでは、子供の遊び場を挟んで、男性館と女性館に分かれていました。その遊び場が楽しげでした。また、館内のあちこちで Ralph Lauren の文字が目に付くので、店員に「アメリカのデザイナーですか？」と訊くと、"Yes"でした。日本で、私はそのブランドはほとんど購入したことはありません。ここでは興味本位にいろいろと見ました。男性物のデザインが良く思われました。

　ホテルに帰ろうとして、店員にタクシー乗り場を訊くと、彼女は、「大通りで流しのタクシーに乗った方が良い」と親切に忠告してくれました。

流しのタクシー：無愛想な中国人ドライバー

　10分ほど待ってから、走ってきたタクシーに乗車すると、東洋人顔の無愛想な運転手でした。中国人に見えたので、訊くとやはりそうでした。私が「10分ほど待ってやっと乗れて助かりました」と言うと、「元旦早々で、ほとんどの運転手は休んでいる」と、不機嫌そうに中国人英語で答えました。私はご愛想のつもりで「中華街で夕飯を取るつもりです」と言うと、彼は無言でした。正月早々に遊びに来ている日本人を乗せて働くのは、腹ただしく嫌なのでしょう。

中華街のレストラン：ここでも怖い中国人スタッフ

　中華街で広東料理の店に入りました。餃子と牛肉野菜炒め、カニと卵の白身のチャーハンを食べました。餃子は1個1個が大きくて、その大きさに驚きました。料理の味はまずまずでした。

　食事を終えてから、嫌なことがありました。レジで、代金に15%のチップを加えた額を渡しました。レジ係りはそのまま受け取りました。チップの計算に間違えはなかったと思います。払い終えてドアを出ると、レジ係りとは別の怖い顔の中国人が、"Not enough!"と、私を大声で呼び止めました。私は気分が悪いし、日本人旅行客としても恥ずかしいので、レジに戻って、「あといくらチップを払えば良いのですか？」と問うと、興奮していたので、その額は忘れましたが、結構な額を要求してきたことだけは覚えています。「チップが足りない」と要求した中国人の、怒った青白い顔にも、その額にも、私はとても驚きました。

　この旅の数少ない体験を通してですが、私は、初めて中国人は怖いと思いました。香港人や台湾人を除く中国人だと思いますが、彼らに対して嫌なイメージが生まれたことが残念です。この嫌な体験が中国人全体の偏見に繋がることのないようにしたいとも思いました。

70

空港までのタクシー：醜い中華街の光景、美しいサンフランシスコ湾

　この市に来て初めて、夜明けに雨が降りました。雨上がりの朝、ホテルから空港にタクシーで向かう途中、中華街を通ってまた驚きました。大きなビニール袋を雨合羽代わりに被っている3人の中国人ホームレスを見かけました。また、中華街の通りはゴミで散らかっていて、雨上がりのせいか、2階の窓からたくさんの洗濯物が無秩序に釣り下がっている家が多く見られました。この市内の高台にある高級住宅地では、日本円で1軒数億円もする家を買う中国人が急増しているというのに、中国本土同様に、ここ在住の中国人の間でも格差社会なのでしょう。郊外に出ると、サンフランシスコ湾に朝の太陽が反射して、実に美しい景色が見られました。

サンフランシスコ国際空港：にこやかな日本人

　空港には、私と同じ便で日本に戻る日本人が多くいました。ヨセミテ公園以外では日本人らしき人にほとんど会わなかったのに、彼らはどこにいたのでしょう。在サンフランシスコ日本人の帰国でしょうか。ヨセミテのロッジで会った若い男女もたまたま一緒でした。2人とも笑顔で会釈してくれました。

　搭乗口にいる女性スタッフは中国人でした。彼女の英語と日本語のアナウンスは早口で棒読みでした。私の周囲にいた人達も、「アナウンスが早口過ぎる」と文句を言っていました。アメリカ人の英語に慣れ始めたと思った頃に帰国です。機内では、静かでにこやかな日本人女性搭乗員の応対にほっとしました。

成田空港：行儀の良い白人アメリカ青年

　成田空港に着くと、構内の照明が明るく見えました。気分も明るくなるような気がしました。荷物受取所で、私の近くにいた見知らぬ白人のアメリカ人若者が、私に笑顔で挨拶しました。彼が先に荷物を受け取って、私の横を通ろうとしたので、私は彼が通りやすいように動きました。すると、彼は笑みを浮かべて、日本語で「ありがとうございます」と言って、去って行きました。

　今回の旅は、一口には纏められそうもないですが、中国人の街となりつつあるサンフランシスコ市内を見たように思います。世界各地で似たような現象が起こりつつあるのかもしれません。また、香港人や台湾人を除く中国人は、日本人を敵視しているように感じました。東洋人である私には皮肉なことですが、東洋人系以外の白人のアメリカ人の方が親日的だったように思います。ヨセミテ国立公園では地球温暖化の影響を切実に感じました。人間は自らを取り巻く大自然にもっと気配りをすべきだと改めて思いました。

　この旅で何よりも嬉しかったことは、アメリカという大国で、日本人の芸術家の活躍ぶりを見ることができたことです。日本は資源や財力面では他の多くの国に敵わぬとしても、世界における日本人の芸術面での活躍が期待できるように思います。それには子等や若者のより良き芸術教育が大切になります。

日本画Ｆ20号『プルちゃん』著者作　　　油絵Ｆ20　号『プルちゃん』著者作

ノルウェー王国とスウェーデン王国

オスロ、ベルゲン、ヘルシンボリ

（2017 年 8 月）

　ノルウェー王国には初めての旅、スウェーデン王国のヘルシンボリへは 2 回目の旅でした。どちらでも、この時期は雨が多いとされるのに、不思議に毎日、太陽が顔を出してくれました。北欧の人々に愛されている太陽に私も見守られているような気分でした。

ノルウェー王国

　ノルウェー王国の国土は日本の国土とほとんど同じで、人口密度は日本の約 25 分の 1 です。人種は約 80％がノルウェー人、その他は、多人種の移民が暮らしています。公用語はノルウェー語です。宗教はキリスト教プロテスタントのルーテル派が主流で、国民の約 70％がそのノルウェー国教会に属します。

　この国は長い歴史を持ち、約 12000 年前にはドイツ北部出身の人々が住んでいたそうです。9 世紀から 11 世紀までのヴァイキング時代が国家形成の元となり、14 世紀にデンマーク配下となり、19 世紀初頭にスウェーデン王国との連合が形成され、20 世紀初頭に君主国家を設立して独立が認められたそうです。第一次世界大戦では中立国で、第二次世界大戦ではドイツによる侵略を受けましたが、日本とは戦火を交えることはありませんでした。

成田からオスロ：14 時間の長旅、気さくで大柄なノルウェー人

　成田からデンマーク王国コペンハーゲン経由で、1 時間半の乗り換えを含めて約 14 時間の長旅でした。オスロには晩に着く予定だったので、機内では、時差ボケ回避のために、眠らずに搭載されている映画やゲームを楽しみました。

機内、オスロ空港、市内でも同様でしたが、気さくに話しかけてくるノルウェー人が多くて、彼らは私を和ませてくれました。コペンハーゲンからオスロへの機内では、オスロ空港に近づくと、私の隣席の30代ノルウェー人男性が、綺麗な英語で、「オスロでは珍しく良いお天気です。ラッキーですね」と言いました。私が彼の言葉に合わせて、"Lucky!　Lucky!"と繰り返すと、彼はそれが面白いという風に声を立てて笑い始めました。

　SAS飛行機の搭乗員は、昨年に続き、今回も大男、大女がほとんどでした。2mはあると思われる背丈でした。オスロ市内でも、現地人らしき男女は同様でした。女性搭乗員は60歳近いと思われる人もいて、機内で元気に働いている幾人もの中年女性を見ました。ノルウェー女性の就業率は世界3位で、ほとんどの女性が結婚後も長く働き続けるからでしょう。

オスロ空港：陽気なスタッフ、小学生集団のような日本人団体客

　入国審査の手荷物検査場では、私が警報音もなくゲートを通ると、男性スタッフが、おどけた笑顔で"OK！"と、大きなジェスチャーでの歓迎でした。長い飛行時間の後で、私が緊張した顔をしていたのでしょう。そのおどけた歓迎は、私の緊張した表情を和らげようとしてくれた心遣いだったと思います。

　空港に着いた時、近くに中高年の日本人団体客がいました。ガイドの物言いは小学生を相手にしているようでした。彼女の声高な指示は、「この国ではマスクはつけないように。感染症患者と思われて嫌われるから。荷物を受け取る前にトイレは済ますように」等々でした。（新型コロナ禍で感染者も死者も多く出ているノルウェーでも、マスクの義務化要請がなされる都市が出ています）

オスロ市街地までのタクシー：レンガ色の民家、長く続く岩山

　市街地までタクシーで45分ほど走りました。金曜日の割増代金を含めてのタクシー代が高いのに驚きました。郊外に点々とある農家の赤茶色の壁は周囲

の緑と調和していました。高速道路沿いには長く続く岩山が見られました。そこに育つ針葉樹も見事でした。

宿泊したホテル付近：オスロ大聖堂

　午後8時近くにオスロ中心部のホテルに着きました。昼間のような明るさなので、私は荷物を部屋に置くなり、歩いて10分程度の所にあるオスロ大聖堂付近に行きました。古い煉瓦作りの教会の裏庭には、芝生の緑と建物の赤茶に調和して、白いアジサイの花が美しく咲いていました。

レストラン：教会堂併設

　教会の裏庭を隔てて、同じ煉瓦作りの古いレストランがありました。そこで、アンチョビ入りモッツアレラチーズたっぷりのピッツアと、レモンソルベ、ソルトキャラメルのアイスクリームを食べ、酸味の強い濃いコーヒーを飲みました。どれも味が良かったですし、スタッフが流暢な英語を話すので助かりました。料理の価格は日本よりも高いようでした。食事を終えて、地元の人らしき幾人かに道を尋ねながら、カール・ヨハン通りというオスロの目抜き通りを歩き、ホテルにたどり着きました。午後9時半頃に日没でした。

オスロ大聖堂までの街路：人の姿が見えない古い街

　日の出前の5時頃から明るくなりました。運よく晴天でした。ホテルで朝食を取り、オスロ大聖堂に向かいました。街路沿いには古い建物が多くありまし

たが、人の姿はありませんでした。人口の少ない街です。日本と面積がほとんど同じ、この国の人口は521万人で、その約11%がオスロに集中しています。オスロの人口が上昇中でも、日本の東京と比べると遥かに低い人口密度です。

オスロ大聖堂：国教ルーテル派の総本山

　この大聖堂は国教ルーテル派の総本山で、12世紀前半に別の場所に建てられ、17世紀のオスロ大火後に再建され、その50年後に建設、修復、改築、改装を経て現在の姿になりました。内部の撮影は可で、パイプオルガンの演奏が流れ、ステンドグラスも、天井のフレスコ画も、美しいものでした。

王宮への街路：美しい花々と大きな噴水

　その大聖堂から王宮へと歩きました。王宮は1848年に建てられました。現国王の住居地のために、その内部には入れませんでしたが、庭園や周囲は見学できました。宮殿は小高い丘の上にあるので、市内全体を見下ろしています。

　王宮への長い街路には花々が元気でした。北欧は真夏でも気温20℃以下の日がほとんどなのに、東京の神代植物園の温室で見られるような、大きなベゴニアが元気に咲き揃っていました。その花は品種改良したものかもしれません。公園には孔雀の噴水があり、その水量は豊かでした。元気な子供達が大きなシャボン玉で遊んでいました。そのシャボン玉に映る緑も美しかったです。

国立美術館 ： ムンクの名画

　ここは 1836 年に開館し、19 世紀〜20 世紀のこの国の画家の作品、ムンクの作品、近世ヨーロッパの作品を所蔵しています。この美術館を探していると、タクシーの運転手が車から顔を出して、そこまで歩ける道を教えてくれました。

　ここに展示されていたムンク作品は、広く知られている『叫び』の他に、私が抱いていたムンク絵画の印象とは異なる作品が多くありました。また、白色、紫色、茶色の使い方が巧みに思われる作品も多くありました。白色はノルウェーの雪、紫色と茶色はノルウェーの大地と繋がるのかもしれません。

　印象派画家の絵と似ているムンクの作品もありました。印象派の影響も経て彼独自の世界に至ったのでしょう。明るい色調の絵でも、描かれる人物の表情からは愁いが感じられるものが多くありました。死の恐怖や人間関係の苦しみが深かったと言われる彼の人生に、それは起因しているように思われます。

イプセン博物館 : 偉大なるイプセン像

　イプセン博物館に向かいました。ここはイプセンの晩年の住居です。玄関前の彼の像と館内の彼の偉人らしいシルエットが印象的でした。彼は「世界史上最も重要な劇作家の一人」とされるのに、私は彼の作品をあまり読んでいませんでした。これを機に彼の作品に親しもうと思って、英訳本を購入しました。

レストラン : 美味しい新じゃがいもとミニトマト

　再びカール・ヨハン通りを歩いて、大聖堂に向かいました。付近のレストランで夕食を取りました。タラ、新じゃがいも、ミニトマト、赤唐辛子の炒め物、オリーブ油付パンでした。特に新じゃがいもとトマトが美味しかったです。

滞在したホテル : 多くのコンセント、勢いの良い水

　夕方にはホテルに戻りました。部屋には多くのコンセントがあり、シャワ

一やトイレの水圧も強かったです。部屋から見える会議場が集まる建物は、その半分以上の部屋で、朝まで照明がこうこうと輝いていました。もったいないほどの電気や水の使用国です。人口が少なく、水と水力発電が豊かで、加えて、水不足に陥った場合は、他の北欧諸国から自由に水を輸入できるそうなので、その状況は当然なのでしょう。世界には水不足に苦しんでいる国々が少なからずあります。不公平と思われる状況は世の定めなのでしょうか。

スウェーデン王国：ヘルシンボリ

　ここには昨年の夏に次ぐ2回目の訪問でした。オスロからストックホルム空港経由で向かいました。知人の日本人画家宅に1泊するためです。

エンジェルホルム空港：日本人画家親子と待ち合わせ
　ヘルシンボリの空港でその画家とご子息が出迎えてくれました。昨年夏に彼らの家に数時間だけ滞在しましたが、広い自然の中に佇む、その住まいと工房とギャラリーが素敵でした。それを再び見たくて、今回は1泊の予定でした。

画家の住居：広い麦畑の隣にある家、美味しい夕食
　午後4時半頃に到着。一面に黄金色した広い麦畑は刈込直前でした。その隣に画家の家がありました。ここの母屋も素敵ですが、アトリエとギャラリーと歴史あるラウス焼き窯の工房が好きです。工房の煙突も印象的です。
　夕食はミネストローネ、コールスロー、キャビア、新じゃがいも、チーズ等で、このもてなしに感謝しながら美味しく食べました。

海辺：美しい太陽と雲
　まだ明るい夕方に近くの海辺を散歩しました。この時期では「珍しく良い天

気」とされる日の夕方でした。陽光が雲の隙間から天に向かって四方に輝き、雲と空に、桃色、朱色、紫色と、瞬時、瞬時に、さまざまな色を与えていました。レンガ色の家の壁は周囲の自然と調和していました。日本で見られる看板はありません。午後9時頃に日没でしたが、遅くまで空は明るかったようです。

小さな森：朝の散歩、美しい自然、村人との素敵な出会い

　午前6時に付近の森へ散歩に出ました。太陽が木々の緑を輝かせ、木漏れ日も美しかったです。灰色の野ウサギに会いました。森にじっと座っていた野ウサギが急に尾を振って駆け去りました。その姿に、D.H.ロレンスの "Adolf" に登場する野ウサギが思い浮かびました。牛や猫にも出会いました。ランプ生活を送る人々のサマーハウスと庭、そこにはアジサイ、タチアオイ、コスモス、シュウメイギクが咲き、さまざまな国旗が掲げられていました。どの庭にも、小さな実のついたリンゴの木がありました。その光景にも、ロレンスの小説に登場する英国ノッティンガムの風景が浮かびました。野生のブラックベリーとブルーベリーとサクランボが実っていました。それらをつまんで食べると、甘酸っぱい味が朝食前の空腹の胃を刺激して、私の空腹感が一層増しました。

　村人との素敵な出会いもありました。彼らは、皆、"Hi !" と笑顔で挨拶し合いました。朝早く働きに出る母親たちと、アルバイトのイスラム教徒難民に連れられて保育園に通う子供たちに出会いました。この国のほとんどの母親は有職者とのことで、保育園では朝食が準備されているようでした。"I'm eighty nine." と英語で話す独居の女性が、歩行器を使ってひとりで散歩中でした。彼女の顔は実年齢よりも若く見えました。難民だったという女性も笑顔で挨拶しました。現在、彼女は、スウェーデン人と結婚して子をもうけて、幸せに暮らしているとのことでした。90歳の独居男性の家の庭も手入れが行き届き、その庭にある手作り人形が楽しげでした。スウェーデン人は、互いを思いやりながらもプライバシーには深入りしない国民とのことです。良いことです。

食前 1 時間半の散歩は、私に疲れを感じさせないものでした。その後、スウェーデン朝食でした。サラミも、チーズも、薄いトーストパンも、濃いコーヒーも美味しくて、近隣のデンマーク人手製のジャムがヨーグルトに合いました。

（朝食準備の匂いが漂う幼稚園です）

海辺の古い村：豊かな自然、のどかな暮らし

　朝食後には、海辺までドライブに行きました。誰もいない広い畑の中に移築された古い水車小屋が、絵本の中の絵のようでした。海岸沿いの青空には、冬に米国サンフランシスコで目にしたレインボー模様の旗が泳いでいました。女性の同性愛者の区域とのことでした。これも日本では見かけられない光景です。

　海辺の古い村では、漁の網を張る家、藁ぶき屋根の家、風見猫のある作業小屋、タチアオイとアジサイが咲く庭、犬の排尿を禁止するユーモラスな絵、のどかで楽しい風景でした。海岸の絶壁と灯台には、観光客ではなくて、多くの

現地人が訪れていました。自然を楽しむ国民とのことです。

花畑のカフェ：国王お忍びでご用達

　スウェーデン王室の屋敷前を通り、国王がお忍びで自転車に乗って通うという花畑のカフェに入りました。「国王がお忍びで」、「自転車で」というのが素敵です。日本の皇室では決して考えられない行動です。夏花が美しく咲く中で、ショートケーキとコーヒーを口にしました。ケーキは、甘みと油分が薄くて健康的で、素材の美味しい味が良く出ていました。

ヘルシンボリからコペンハーゲン経由のオスロへの帰路：親切なフィリピン人

　ドライブ後にヘルシンボリの駅に着き、コペンハーゲン経由でノルウェーに向かいました。乗車予定していたコペンハーゲン空港行の電車が遅着なので、別の電車に乗って、マルメ駅で乗り換えとなりました。マルメまでの電車の中は満員でした。私の隣に座っていた現地のフィリピン人らしき女性が、乗換のマルメの駅に着く前に、親切に幾度も "Next station is Malmo." と言ってくれました。オスロのホテルには午後9時前には戻ることができました。

パステル画ＳＭ『スウェーデン人形』著者作

ヴィーゲラン彫刻庭園：見事な人物彫像、水量豊かな噴水、美しい花々

　この 32 万㎡の面積を有する彫刻庭園内には、この国のグスタフ・ヴィーゲラン（1869 年〜1943 年）の作品が展示され、24 時間無休で開放されています。人物彫像は 600 点以上にもなるとのことです。この彫刻家は、それらの作品の原型を粘土で原寸大で制作し、職人たちが、それらをブロンズ像や石像に仕上げて、庭園内に配置したとのことです。

　この日も晴天でした。ヴィーゲラン公園は素晴らしかったです。ヴィーゲラン作のたくさんの人物彫像と、大噴水と、広大な庭がありました。彫像から湧き出す噴水の水量が多くて驚きました。並ぶ彫像の中では、2 体の人物が大空に両手を広げている作品、髪を風になびかせている女性の作品が印象的でした。また、木々や芝生の緑を背景に、黄色とオレンジ色のキク科の花、色さまざまなバラの花、ここでもベゴニアが美しく咲き誇っていました。

公園内のレストラン：塩気の効いた昼食、アニメ好きな若者、高いトイレ代

　公園内で、シュリンプと茹で卵がたくさん載ったオープンサンドとクリームたっぷりのケーキを昼食に食べました。どちらも私の口には丁度良い塩気でした。笑顔の若い男性店員が、「ニホンジンデスネ。ドーモアリガトー」と日本語で言いました。私が彼の日本語を褒めると、「アニメオタクデス」とのこと。彼は日本のアニメが好きで、アニメを通して独学で日本語を勉強しているとのことでした。興味あることを通して言語を学ぶのは良い方法です。公園内のトイレ代は 20 ノルウェー・クローネ（320 円）でした。1 リットル入りの水ボトルが約 500 円するのも驚きですが、公園のトイレ代も高いです。日本にある無料トイレの方が便利で綺麗でした。この収入は国の高度福祉に回るのでしょう。

ムンク美術館：さまざまなムンクの絵

　この美術館は、オスロ市立映画館の利益を基に設立され、1963 年にムンクの生誕 100 周年を記念してオープン、現在は、ムンクの絵画作品の半分以上と全ての版画作品を収蔵しているとのことです。

　白色を基調とした馬や景色の多くの絵と、印象派風の絵もありました。それらの勢いと動きのある筆使いと絵の具の置き方が間近に見られ、白色と茶色と紫色の使い方も素敵で、私が絵を描く上での参考になりました。

この街は、12 世紀〜13 世紀には国の首都でした。オスロ空港から約 50 分で
ベルゲンの空港に着きました。昼頃には宿泊予定のホテルに到着しました。

港近くのレストラン：大きなミートパイ、グラム売りのクッキー

市内散策に出ました。港近くのベーカリーで、ミートパイとグラム売りクッ
キーとコーヒーを昼食にしました。パイには大きめの挽肉がたっぷり入ってい
て、食べ応えがありました。グラム売りのクッキー選びも楽しいものでした。

港付近：絵本のような光景

港に沿って歩きました。山の上には、白壁に赤茶色や灰色の屋根を持つ家が
あり、湾沿いにもカラフルな家が並んでいました。港、帆船、カモメ、山、古
き家々、それらが織りなす景色は絵本の絵のようでした。ここでも看板が見ら
れないのは良いことでした。

テントでセーターを売っている店の人にコーデー美術館への道順を訊きまし
た。彼は英語を話してくれました。その人は日本でアクセサリーの商売をした
経験の持ち主でした。海外の旅で、私は日本への訪問歴のある現地人にしばし
ば出会います。

コーデー美術館：北欧最大級

　1825 年にベルゲン美術館が生まれ、2006 年に幾つかの美術館や博物館が統合されて、ベルゲン美術館群となり、コーデー美術館はその 1 つです。

　ここは池と緑の公園の横にあり、4 棟に分かれていました。17 世紀〜20 世紀初頭のノルウェー作家とムンクの作品が展示される 3 館だけを見ました。18 歳以下は無料でした。ここでも、ムンク作品の白色は魅力的で、明るい色調で描かれる人物の顔に漂う愁いが印象的でした。その後で、池の対面の美しい景色を眺めました。近くで、日本人らしき男女が座って景色を眺めていました。

ベルゲンの街中：混血日本人の店員

　裏通りには人気がなくて、のんびりと散歩する猫が幾匹も見られました。表通りのどの商店もセール中でした。ニット製品や楽しい文具の店が多くありました。あるデパートで、どう見ても外見は現地人と見られる店員に、私がトイ

レの場を尋ねると、彼は、日本語で、「日本人ですね。僕も日本人です」と言いながら、私をトイレまで案内してくれました。日本人とは思われない彼の外見と綺麗な日本語には驚きました。父親は川口市の出身で、母親がこの国の人でした。「ノルウェーは物価が高いでしょう」とのこと。そのとおりでした。

夕飯は中華でした。酢豚の豚肉が香ばしく、海鮮チャーハンの蟹やホタテが新鮮でした。夕飯後には、また港に沿って散策しました。陽光が異なると街中の景色も変わって見えます。散歩し始めた昼過ぎと夕方では、周辺の景色の美しさが異なっていました。ホテル近くに着くと、地元で人気があると言われるイタリアン・カフェで、ジェラードを食べてコーヒーを飲みました。ここのジェラードは香りと味が良かったです。

魚市場：赤色テントの店

朝食を取ると、魚市場へ歩いて向かいました。日照時間が長い夏のせいか、街中に工事現場が多くありました。朝は7時から11時まで工事で、午後4時には仕事を終えるそうです。

赤色テントが目立つ魚市場には、魚屋、八百屋、果物屋、乾物屋、さまざまな店がありました。魚屋の天井からタラの干物が釣り下がっているのが印象的でした。ロブスター、蟹、サーモンとキャビアの瓶詰もありました。ベリー類が並んでいる店で、私は美味しそうなブルーベリーを買いました。その市場は北欧らしさを感じさせる場所でした。

商店街：素敵な毛糸店

魚市場からホテルまでの途中の商店街で、素敵な店頭の毛糸屋に入りました。自然色に近い毛糸が揃っているようでした。その毛糸を前に嬉しくなりました。私は色さまざまな毛糸を集めることや、下手でも編み物をすることが好きです。亡き母は、暇があれば編み物をしていて、毛糸を自分が気に入る色に染めるこ

ともありました。幼子だった頃の私は、編み物をする彼女の横に張り付いていたようです。

　私が購入する毛糸を日本に送るように店主に頼むと、「無理」とのことでした。郵便局から送るのも面倒なので、手持ちできる量だけ購入しました。ホテルに着いてから、買ってきたブルーベリーを摘まんで、帰り支度です。

（街中には人が少ないです）　（八百屋の店頭も目に楽しいです）

ベルゲンのフレスランド空港：美味しいランチ、大慌ての乗換え

　午前10時頃にホテルを出発しました。空港でランチを取りました。シュリンプサンド、モッツァレラとトマトのサラダを美味しく食べました。搭乗開始時刻10分前に、電光板でオスロ行のゲートを確かめると、最初に見た時とは異なっていました。広い空港の中を大慌てで歩き、搭乗開始に間に合いました。

再びオスロ

オスロ大聖堂付近：教会のマーケット開催、珍しいニット製品

　オスロ市内のホテルに戻り、私のお気に入りとなった大聖堂とレストランにまた向かいました。木曜日でしたが、教会付近には多くの人が出ていました。教会の庭にあるテントには、ガラス器、陶器、ニットの店が多く出ていました。

素敵な色のセーターに目が引かれて、私がニット店を覗くと、珍しい編み方と
デザインのセーターがありました。この国のニット文化です。店の人が、"Just
only one in Japan"と言いました。私はその言葉に弱いようです。教会関係の
催しだからでしょうか、ここでの価格は他に比べて高くはありませんでした。

（オスロ名物です）

（オスロの大通りです）

教会近くの古めかしいレストラン：美味しい夕食

　教会近くのレストランに入りました。ここは満員でしたが、何とか席を得ら
れました。モッツアレラチーズとミニトマトのオリーブ油かけの冷サラダ、そ
して、新じゃがいもとミニトマトが添えられた塩の効いた牛肉のステーキを食
べ、ティラミスとコーヒーでした。魚介類も美味しいですが、牛肉も劣らずに
臭みがなくて香ばしかったです。デザートは、素材の味が生かされていました。

オスロ空港からコペンハーゲン空港経由で成田：笑顔の日本人観光客

　午前10時、ホテルからオスロ空港に出発。オスロ空港発13時30分。オス
ロからコペンハーゲンまで、そこで乗り換えて、成田空港までの帰路でした。
オスロからコペンハーゲンへの飛行機が遅れたため、乗り換え時間が短くて慌
てました。オスロからの飛行機には、幾人もの日本人客が乗っていたようでし
た。広い空港内を急ぎ足で歩く私に、笑顔の日本人女性が3人、次々に、同じ

く慌てながらも、日本語で話しかけてくれました。同胞意識なのでしょう。搭乗時刻にぎりぎり間に合ってほっとしました。機内では、親切な SAS の搭乗員の笑顔と美味しいチーズケーキと食事が待っていました。

油絵 F 4 号『華』著者作

毛糸編み物　　『睡蓮池』著者作

イタリア共和国
フィレンツェ、ヴェネツィア
（2017 年 12 月～2018 年 1 月）

　記憶に残っているだけでも、イタリアには 5 回旅したことがあります。それぞれ短い滞在期間であっても、古き美しき国ゆえに心が向きました。

　フィレンツェ（ フローレンス ）はイタリア中北部に位置し、その歴史地区が世界遺産となっています。そこには 2 度目の旅でした。ヴェネツィア（ ヴェニス ）も世界的に良く知られた市で、アドリア海の湾に面して位置し、世界遺産となっています。そこには初めての旅でした。

　いつものように、日本を発つ数日前に、私はガイドブックに目を通しながら自分なりの日程を組み始めました。その時、フィレンツェ行きは初めてではなくて、2 度目であることにやっと気付きました。前回の旅の印象が薄かったのです。その理由は容易に想像がつくものでした。それは、約 1 週間の慌ただしい日程のイタリア国内 4 か所の訪問でした。フィレンツェには短い 2 日間の滞在でした。また、その旅は自分が絵を描き始める以前であったことも、その印象の薄さに関連しているように思われます。

　今回のフィレンツェの旅では、たった 4 日間だけであっても、連日、自分の目と足をフルに使い、古き美しき街の中を、そして、幾つもある大きな教会堂や美術館内を歩きに歩きました。

　ヴェネツィア市内では自転車も自動車も進入禁止。短い 3 日間の滞在中、ボートに乗り、その古き美しき街の中に 400 もあると言われる橋を幾つも渡り、迷路のような街中を長時間に渡って散策し、大聖堂や宮殿、そして、美術館内を観て歩きました。長時間に渡って歩いて街中を観るという点が、それまでのイタリア旅行とは特に異なっていました。

　加えて、以前のイタリア旅行とは異なる点が幾つかあったように思います。

90

長時間歩いたにもかかわらず、現地のイタリア人との関わりの少ない旅でした。イタリア人が変わったのか、私が変わったのか、良くは分かりませんが、あの陽気で呑気なイタリア人の姿を見る機会が以前に比べて少なかったような気がします。また、美しい街並みや絵画とは対照的な、私にはグロテスクと思われる光景、迷彩服に身を包んで黒い銃を手にした軍人の姿が、人の集まる駅や美術館前に見かけられました。そのような光景を街中で見慣れぬ私には、それは目に痛いものでした。唯一の救いは、兵士が被っていた帽子のグリーンの色が良かったこと、それが迷彩服の色と良く合っていたことでした。

　移民、難民と思われる皮膚の色が異なる人々と英語を話せない人々が、以前に比べて多く見かけられたことも印象的でした。「2014 年以降、50 万人以上の移民がイタリアに上陸している」そうです。上記した、現地人と関わりの少なさ、街中で見られるイタリア軍の姿、英語を話す人が少なくなったこと、これらの以前とは異なる印象は、この移民流入問題と関連しているのでしょう。

　また、どちらの街でも、多くの中国人観光客が見かけられました。中国の経済力が強まったことによるのでしょうが、これも数年前のイタリアでは見られなかった光景です。

　食べ物については、イタリア料理は味が良いと世界的に定評がありますが、今回は、その味の良さをあまり感じませんでした。レストランによるのかもしれませんが、それほど悪い評判の店には入ってはいなかったように思います。ここ数年、日本国内に、たとえ小さな田舎町でも、美味しい料理を提供するイタリアン・レストランが多く開店しています。イタリア帰りで、しかも工夫好きで、日本人の好みを良く知っている、腕の良い日本人シェフが日本全国に増えたためだと思います。

　そのような幾つかの異なる点はあっても、以前と同じようなイタリアの姿に接することもできました。日本好きで、陽気で、呑気で、それでも、神とマリアを信じる真面目なイタリア人。そして、彼らを見守るかのような築数百年を

誇る大聖堂と時を知らせるその鐘の音。かつての栄光を伝える古き美しき街並みと美の宝庫である大美術館。それらの変わらぬイタリアの姿も楽しめました。

　今回の旅では2つの「時」を感じることができたようです。その1つは、世界情勢が急激に変化していることを目の当たりにして実感する、近年の急速な「時」の流れです。その一方で、古き時代に栄えた美しい文化遺産を辿り歩くことで感じられる、長く変わらぬかのような「時」です。

フィレンツェへの機内：日本の飛行機、楽しいエールフランスのスタッフ

　羽田からパリのシャルル・ド・ゴール空港まで約13時間、乗り換えて2時間半、フィレンツェまで計約15時間半の長旅でした。羽田⇔パリ間は日本の某航空会社を利用しましたが、往復とも久しぶりにまずい機内食でした。もちろん、それはクラスによるのかもしれませんが、「これが日本食？」と思わせるような食事で、ほとんどの物が2口目に進みませんでした。世界中どこでもと言って良いくらい日本食が好まれ評価されており、日本人が作る各国料理も本場に負けないはずなのに、なぜあれほどまでに不味いのかが不思議でした。唯一美味しかったのは外国銘柄のアイスクリームでした。機内ではスチュワーデスを5人見かけましたが、挨拶に客席を回っていた1人を除くすべてが中国人でした。これもクラスによるかもしれませんが、ヨーロッパへの中国人客が急増したためか、経費削減のためか、いずれにしても、「これが日本の飛行機か？」と思わせるものでした。

　シャルル・ド・ゴール空港でエールフランスに乗り換えました。Eチケットを搭乗券と交換するデスクのスタッフは陽気でした。彼らにとって日本人は良い客なのでしょう。時節柄、ある女性スタッフは頭に可愛いトナカイのヘアーバンドを着け、"Happy New Year！"と、にこやかに挨拶しました。もう1人の男性スタッフは、日本語で、「マリコ、マドガワノセキデヨカッタネ」と笑顔でした。

手荷物検査場では、スタッフが、私の手にする2機のカメラを見て、"Fashion?"と笑顔で言いました。私は、旅先中の破損に備えて必ず2機のカメラを持って出ます。私が "No, my hobby." と答えると、彼は再び大きな笑顔でした。日本の手荷物検査場では、このようなスタッフの笑顔は見られそうもありません。搭乗を待つ間に、オレンジ─ナ1本とコーヒー1杯を買いました。計3.6ユーロ、約500円でした。フランス人店員が「アリガトウ」と日本語で言いました。私も「どういたしまして、ありがとう」と日本語で答えました。

フィレンツェ（フローレンス）

フローレンス空港：見覚えのある景色

　夜7時半過ぎにフローレンス空港に着きました。この市は、良く知られているように、メディチ家を中心にルネッサンス文化が花開いた所です。シャルル・ド・ゴール空港でも、この空港でも、「フィレンツェ」という名を目にしなかったようです。英語名のFlorence一色だったようです。空路は、やはり、英語が強いのでしょうか。私は「フィレンツェ」の音の響きの方が好きです。

　空港を出ると、目前の建物には見覚えがありました。確かに、ここには2度目の訪問でした。タクシー乗り場に向かうと長い列。夜空に、多くの人から出される煙草の煙が印象的でした。この市でも、ヴェネツィアでも、煙草好きが多いようでした。外気の寒さは日本と同じようでした。

宿泊したホテル：懐かしい古いホテル

　タクシーで30分ほど走るとホテルに着きました。そこに見えたのは、私が前回泊まった創業100年を超えるホテルでした。19世紀を思わせる玄関ホールも、大きな古めかしい木製エレベーターも、私の目には懐かしいものでした。

　ホテルのレストランは予約のみだったので、近くの店に行って、チーズと生ハ

ム入りホットサンドとアイスクリームを買いました。ホテルの部屋で、それを午後9時近くの遅い夕食としました。どちらも大味で量が多過ぎました。平均的イタリア人は日本人とさほど変わらぬ体格なのに、大食漢が多いか、物価が安いからかもしれません。

　就寝前に、ホテルのバーで、75dl入りスパークリング・ウォーターとスティル・ウォーターを1本ずつ、計52ユーロ（約700円）で購入しました。スタッフが「アリガトウ」と日本語で言いました。縦横に迷路のように延びる廊下は、光の中で美しいものでした。そこに展示される、ホテルの歴史を伝える写真展も見応えありました。前回は、部屋の窓の一つを開けると、暗い内部には鳥の巣があって、そこから小鳥のさえずりが聞こえていました。今回は、何も聞こえてきませんでした。あの小鳥たちはどこへ行ってしまったのでしょうか。

朝のホテル：教会の鐘の音、街の美しい景色

　教会の鐘の音が、午前7時を知らせました。数百年もの長い間、この街の人々は、この鐘の音を聞いて暮らしてきたのでしょう。鐘の音は深夜には聞かれず、昼間は30分ごとに聞こえていたようです。私の耳にも良い響きでした。遠くの教会からも、鐘の音が幾重にも聞こえて、お互いの音が響き合っていました。日本では、「鐘の音が煩い」とのことで除夜の鐘が廃止されたというニュースがありました。日本とイタリアの宗教観が異なるからでしょう。

　ホテル内の見晴らしの良い5階のレストランで、ビュッフェ料理の朝食を取りました。匂いの良い卵、こんがりと焼かれた大きなベーコン、生ハム、いろいろなチーズ、果物、ヨーグルト、幾種ものジャム付クロワッサン。最後にカフェ・オーレ。嬉しい食事でした。

　レストランの窓からは、サンタ・マリア・ノヴェッラ教会、ドゥオーモ教会、そして、その形や色と調和して、古き家々が美しく見えました。忙しく働くスタッフの邪魔をしたくないので、イタリア人顔ではない暇そうなウェィトレス

に、すぐ近くに見える教会の名前を確かめると、「ドゥオーモ」という返事。それにしては近過ぎるので、受付の男性に訊くと、「ノヴェッラ」。こちらが正解でした。受付で忙しく働く男性は、「テラスに出ると一層美しい光景が見られるから」と勧めてくれました。そのテラスには誰もいませんでした。目前には美しい街の景色。それを独占したようで、私はもったいないような気分でした。

サンタ・マリア・ノヴェッラ教会：静かな祈りの場
　これは、14世紀に説教場として建築された、奥行100mもあると言われる教会です。午前10時頃の聖堂内には、スタッフ以外の人影が見られませんでした。しばらくして、数人の見学者が広い教会内に見られました。見事なフレスコ画が並び、緑の芝生が美しい中庭には、生と死のイメージを持つ、ゴッホに好んで描かれた糸杉がありました。フレスコ画の絵具の色が日本画のそれに似ているように思われました。鳥の鳴き声も心地良かったです。静かな教会でした。

ドゥオーモ：クーポラまでの 463 の階段

　これは 13 世紀末から約 200 年かけて建築され、フィレンツェ共和国の宗教の中心とされた大聖堂です。街の人に道を訊きながらこの聖堂に向かいました。聖堂前には長蛇の列でした。クーポラに登るのは完全予約制で、地元の観光業者に訊くと、「約 1 時間後には入場できるチケット」を売ってくれました。

　待ち時間に、この聖堂前の土産物屋で、私は仮装ドレスを身に着けた可愛い猫人形を見つけました。この街には、猫の人形や仮面が多く売られていました。猫好きの人が多いか、ペスト流行時にネズミ除けとして多くの猫が飼われていたからか、それらによるのでしょう。それなのに、この旅行中、人に連れられた犬はたくさん見かけましたが、街中を歩く猫の姿は見られませんでした。

　クーポラに登る時刻まで間があったので、カフェで、トマトとチーズのピッツアとケーキを食べてカフェ・オーレを飲みながら過ごしました。約束の時間の直前に、指定された場所に行くと、スタッフに、「"yellow uniform" を身に着けた係りがいる場所に行け」と言われました。彼が指差す先にいるスタッフのジャケットは、私にはどう見ても明度の高い黄緑色であって、決して黄色には見えませんでした。色の名称も文化によって異なるのでしょう。

　聖堂内は広々としていましたが、地味な感じがしました。クーポラへと登る階段と天井フレスコ画は見事でした。大した予備知識もなく、スペインのサグ

ラダ・ファミリアでそうであったように、上りだけはエレベーターがあるかもしれないと期待して入りました。すると、463段の細くて狭い石の階段です。階段の踊り場では、登りと降りの人々が譲り合いながらの一方通行でした。この見ず知らずの異国の人々との譲り合いも、ある種の「修行」に思われました。

　私は一歩一歩頑張って登って、ある時、外から差し込む光から、「もうすぐ頂上かな」と期待しました。付近にいるスタッフに訊くと、「あと180段」とのこと。急に気力を失って、訊かなければ良かったと思いました。

　禅宗の修行では、「先を考えずに、その時その時を懸命に修行することで、苦しみは軽減される」と言われます。そのとおりです。463段を登るという行為も、神に近づく「修行」なのだろうと思いました。そう思うと、急に登ることが心臓にも足腰にも応えなくなりました。途中、小さな窓からの美しい街並みと神の存在を伝える天井の大きな絵が見えました。クーポラに着くと、太陽に照らされたフィレンツェの街は実に美しい眺めでした。無宗教の私ですが、その美しい光景を生み出した人間の創造主であろう神に少しだけ近づけたような気がしました。これも宗教心かもしれません。

　降りは、登りに比べて楽でした。翌日も足腰に疲労が残らないことが、不思議で、嬉しくもありました。30年近くもの間、重い鞄を持って往復4、5時間の長距離通勤をしたからか、最近は、カメラやキャンバスを持って歩いているからかもしれません。ただ、残念なことには、途中苦しかったせいか、他人の迷惑になりたくなかったせいか、撮影可なのに、写真を一枚も撮りませんでした。

街中の革製品店：正直な店員

　この街中にはミュシャのポスターを飾っている店が幾つかありました。お洒落なイタリアの街にも異国のミュシャは合っているようです。デザイン性のある革製品を売る古い店が多くありました。その1軒に入ると、店主1人。英語で「日本のどこから来たの？」という問いかけ。「日本の美人だね」と、私には嬉しいお世辞でした。以前のイタリアでも同じようなお世辞を幾度も聞いたことを思い出しました。娘への土産にと、仕事用のバッグを求めました。私は、代金を払う時に間違って、新札の50ユーロを1枚多く渡しました。その店主は、急に気真面目そうな顔になって、"honest business" と言いながら、私の目の前でその札を2度数え直して、私に紙幣1枚を返しました。「今後の買い物でも注意するように」と言いました。彼の心にも神様がいたのかもしれません。

ホテルのレストラン：懐かしい香りと味の料理

　ホテルのレストランから夜景を眺めたくなりました。そこは予約必要でしたが、受付で「予約がないけれど」と言うと、"OK" でした。夕食は、海産物入り野菜サラダ、飲むのではなくて食べる、こくのあるクリームカボチャスープ、ビーフ・ステーキでした。海外では牛肉のステーキが食べたくなります。どれも素材の味がしっかりと生きていて、何やら昔懐かしい香りと味でした。

古くからの専門店が並ぶ商店街：オリジナルな商品揃いの紙店、十字の薬屋

　朝食後に駅付近の古い市場に行きました。そこには多くの種類のチーズ、パン、コーヒーが並び、クリスマス・グッズも楽しげでした。

　付近には古くからあるという専門店が並んでいました。紙屋の店内も素敵でした。店オリジナルの表紙のノートや、手作りの皮表紙の日記帳、版画、いろいろでしたが、中でも、その皮表紙の日記帳が私の目を引きました。

　十字の電光板が光っている店が幾軒もありました。薬屋です。ここは薬屋が

多い街です。銀行家として財をなしたメディチ家も、元は薬屋だったそうです。ある薬屋には、「トスカーナ産」と記された素敵なデザインの包みに入った、石鹸がたくさん並べられていました。自然の物と記され、良い香りで、しかも安価でした。重くて荷物になりそうでしたが、幾つも購入してしまいました。

ヴェッキオ橋付近：古めかしいカフェ

　ウッフィツィ美術館見学チケットのネット予約をしてありました。そのチケット受取り時刻は午後 4 時でした。昼頃、雨の中をその美術館近くのヴェッキオ橋に向かいました。雨に煙るアルノ川の景色も美しく、川岸のカラフルな古い家々も素敵でした。その景色を楽しんだ後で、古めかしいカフェでランチを取ることにしました。

　カフェの店内には、以前の旅で出会ったような陽気なイタリア人店員揃いでした。彼らは、少ししか注文しない私にも、笑顔で、日本語の「アリガトウ」を連発です。チーズサラミ・サンド、スプライトとカフェ・オーレを頼みました。店頭に美味しそうな菓子が並んでいたので、ヌガーを 2 本だけ買いました。私の隣の席では、日本人家族が静かに食事を取っていました。海外の美術館の付近では、必ずと言って良いくらい個人の日本人観光客に出会います。

　地元の人に美術館までの道を訊きながら、歩いて 5 分ほどで美術館に着きました。それは大きな美術館でした。チケット受取場を確認した後で、再び、橋付近の景色を楽しみながら散策しました。付近には、貴金属、アクセサリー、仮面がぎっしりと並ぶ小さな店がたくさんありました。ある店で、フィレンツェ・モザイクの黒地にカラフルな花の絵柄の小さなブローチが目に留まりました。まるで絵画です。この旅の記念にそれを購入しました。（私の小さな宝物になり、今も、大切に眺めて身に付けて楽しんでいます）

　チケット受取場では、スタッフが黄緑色のジャケットを着た人を指さして、また「あの "yellow uniform" の人からチケットを受け取れ」と言いました。

その時、日本人中年男性が、笑顔で私に声をかけてきました。彼は、「アメリカから来た日本人です」とだけ言って、美術館の入り口に向かいました。日本人が懐かしかったのでしょう。

ウッフィツィ美術館：メディチ家の財宝

この美術館はルネサンス絵画で有名で、1591 年から公開され、ヨーロッパ最古の近代式美術館の 1 つで、世界遺産フィレンツェ歴史地区の一部として認定されています。国内では、収蔵品の質、量ともに最大とのことです。

私の想像通りに、美術館の中は見事でした。メディチ家の財を結集したルネッサンス美術があるそうです。長い廊下の天井画も見事でした。どの絵も赤色と青色が魅力的であり、人の纏う衣服の材質がリアルに描かれていました。

私は、ボッティチェッリの『春』と『ヴィーナスの誕生』を、長い間観ていたようです。神秘的なストーリー性を持つ世界を描きながら、その描写はリアルです。女性たちの足以外は実に官能的でありながら、大地に根差すような足だけがたくましく描かれています。

雨の夜の美術館付近：親切な店の人

　午後6時頃に美術館の出口に至りました。外は真っ暗で、雨が降っていました。タクシーは見当りません。私は困って、近くの店の人に訊くと、「タクシーを呼ぶから、雨に濡れないようにテントの中に」と答えました。その後、彼は、幾度も携帯でタクシー会社に電話してくれました。私の安心にと、そのタクシー会社の携帯画面を見せてくれ、車のナンバーも知らせてくれました。

　雨の中で、彼は傘も差さずに、車が着くまで幾度も道路に出て見てくれました。私は、彼から何も買わないことが悪くて、美しい絵柄の木製トレイを1枚だけ購入しました。（それは、我が家で、今もその人を思い出させています）

　車が近づくと、彼はその運転手に手招きしてくれました。彼は、日本では今では完治できると言われる、いわゆる「三つ口」の人でした。気の毒なことに、発音が不明瞭で、上唇に傷も見えましたが、明るくて親切過ぎるように思われる人でした。彼の心にも神様がいたのでしょう。

ホテル付近のレストラン：イタリアンの夕食、英語の分からないウェイトレス

　ホテル近くのレストランで夕食を取りました。店内の高い天井と煉瓦造りの内装は、いかにもイタリアといった雰囲気を醸し出していました。モッツァレラチーズとトマトのサラダ、穀物のスープ、ここでもステーキ、最後に、ティラミスとコーヒーでした。古めかしい黒縁の眼鏡をかけた黒人ウェイトレスは、愛嬌があって可愛い人でした。私が英語で話しかけると、「自分は英語が駄目です」というような身振りをして、英語が話せるスタッフを連れてきました。以前のイタリアでは、このようなことはなかったように思います。彼女も最近のイタリアへの移民の1人なのかもしれないと思いました。

サンタ・クローチェ聖堂：偉人の墓地

　この聖堂は13世紀〜14世紀に建築され、その後の700年間に渡って増築と

改築が行われてきたゴシック建築物です。この街にあるフランシスコ会の最も重要な教会で、ミケランジェロ、ガリレオ、マキャヴェッリ、ジョヴァンニ・ジェンティーレ、ロッシーニ等の著名イタリア人の埋葬場所でもあります。

　ホテルからタクシーで約10分走ると、この教会近くの古い広場に着きました。そこまでの道路は古い石畳なので、タクシーが走るとガタゴト、ガタゴト、それも懐かしい音でした。右側通行でした。また、道路の道幅が狭いせいか、小型車がほとんどでした。聖堂内には見学者の姿がほとんど見られず、多くの胸像と墓所があり、中庭も美しくありました。

（聖堂前の広場です）

（聖堂の中庭です）

（立派な聖堂内です）

（廊下では写真展が開催中です）

アカデミア美術館：気になる彫刻の足の姿
　ここはフィレンツェ美術学校の付属美術館で、16世紀に開館され、ミケラン

ジェロの作品とフィレンツェ絵画で有名です。美術館の外には、入館を待つ人の長蛇の列が出来ていました。ドゥオーモで見かけた、黒赤色のユニフォームを着た地元の観光会社のスタッフがいました。彼は、「10 分くらいで入場でき、英語のガイドつき」のチケット購入を私に勧めました。その会社のオフィスが美術館前の建物にあり、そこには次々に観光客が入って行くようだったので、私は、その動きに安全さを感じて、そのスタッフに従いました。待合室で 15 分間程度待って、そのチケットを手に入れ、解説用のイヤフォーンを渡され、美術館入口で待つこと約 10 分で、私は館内に入場できました。

　美術館の入口では、飛行場並みの厳重な手荷物検査でした。ガイドは、「以前、ハンマーを持って美術館に入って作品を壊した人がいるから」と、英語で丁寧な説明を続けました。長々しい説明を聞くより、自分の目で絵をゆっくりと観たいので、私は、ガイドに「申し訳ないけれど自由に観たいので」と言って、イヤフォーンを返しました。彼は少し悲しげな顔をしました。彼には申し訳なかったと思います。館内でのフラッシュ無し撮影可は嬉しいことでした。

　高さ５ｍのダビデ像は見応えがありました。14 世紀、15 世紀の祭壇画も良かったです。ここでも、私は人物の足の描写が気になりました。子供の足は柔らかそうで可愛いらしく、足首までは官能的な美しい女性の足だけは、逞しくリアルに表現されていました。男性像は靴を履いているものも多かったです。

　ここで特に印象的だった作品は祈る女性の彫像でした。その姿が自分と重なりました。（後に、私は日本画でその姿を描きました。幼い頃にボート漕ぎが好きだった息子が、イタリアの運河でボートを漕ぎ、その無事を祈りながら見守る女性像という構成です。その日本画を公募展に出品して、多くの人に見てもらうことができました）

（私の日本画となった女性像です）　　（ダビデ像です）

カフェ：あまり美味しくないパスタ

　昼食は美術館近くのカフェでパスタを食べました。日本でもしばしば食べる種のパスタでしたが、日本で食べる物の方が美味しく思われました。日本人コックはイタリア料理が上手です。カフェの窓からは、オートバイに乗る多くのイタリア人の姿とマクドナルドの店が見えました。

商店街：陽気なイタリアの姿

　ホテルに向かって歩きました。フィレンツェ焼の陶器店に入りました。猫のプレート画が可愛らしかったです。"attenzione ad un gatto" "Attention to a cat" と書かれていました。よく見かける掲示の文句 "Beware of the dog"「猛犬に注意」をもじったようにも思われて、それはユーモアがあって素敵でした。

　この街には美しい商品が並ぶ店が多くて、私の購買欲が掻き立てられました。ある店で、色とデザインが良くて、日本では考えられない価格の皮コートがありました。それに私の視線が向くと、店の前に立っていたイタリア人店主が、英語と日本語交じりで、「コンニチワ。ワタシビンボウ。ココハビンボウプライス」と私に声をかけました。、値札よりも更に値下げとのことでした。私はそのコートを買ってしまいました。安価でもお洒落なコートです。別れ際に、その

店主は、また「ワタシビンボウデス」と笑って言いました。かつて見たような、陽気なイタリア人の姿でした。でも、そこで私は散財してしまいました。

レストラン：量たっぷりの夕飯

　ホテル近くのレストランで夕食を取りました。サーモントマト・サラダ、具だくさんの野菜スープ、パン、私はこれで十分でしたが、ビーフ・ステーキが加わりました。この店の人も、「量が多過ぎるから、注文し過ぎないように」と忠告してくれました。

街中とホテル：行儀の悪い中国人、美しい街、軍人のグロテスクな姿

　この街には、ヴェネツィア同様に、中国人観光客が多くいました。この国を訪れる外国人観光客は、2016年は1位アメリカ人、2位日本人、3位中国人だったそうですが、2017年以降、1位は中国人とのことでした。以前のイタリアでは、中国人はほとんど見られませんでした。地元の人は、「中国人は行儀が悪いので、中国人お断りのホテルやレストランも出てきている」とも言っていました。私は人種偏見が嫌いですが、哀しいことに、昨年冬のサンフランシスコでの体験以来、中国人嫌いになり始めています。

　ここでも、自分さえ良ければという中国人を多く見かけました。ホテルのエレベーター前で、乗るはずのエレベーターが混んでいたので、私は次のを待つことにしました。私の後ろから数人の中国人家族が来ました。次のエレベーターが来ると、彼らは私を押しのけて自分たちだけ先に乗ってすまし顔。結局、私はまたその次の機を待つことになりました。

　ホテルでの朝食でも同様で、ビュッフェの順を守らず、驚くほど山盛りの食品を皿に乗せる中国人。街中のレストランでは、持参している小さなポットのお茶を飲み、なかなか注文しない中国人。中国人と日本人を区別できる店員は、中国人には無愛想、日本人には笑顔と、それぞれを区別しているようでした。

彼らを真似しようなどとは決して思いませんが、そのような他人を押しのけて生きようとするエネルギーには感心します。

　翌日にはこの街を発つ予定でした。付け足し話になるようなことが幾つかありました。ゴミ収集時間は街中では夜間です。ローマやナポリと異なり、収集時間以外には街路にゴミを見かけることがありませんでした。ヴェネツィアでもそうでした。公衆トイレは1ユーロ・コイン（約140円）が必要でしたが、トイレの中も綺麗でした。世界遺産の街、観光業で生きる街だからでしょう。

　また、人が集まる所には、迷彩服に黒い銃を持った若い兵士が見られました。私の目には現実離れした光景で、それはグロテスクに映りました。唯一、素敵に思えたのは、兵士が被っていた帽子の色でした。素敵な深緑色で、迷彩服にも調和していました。この国には徴兵制度はないそうで、志願の職業軍人です。その軍帽に惹かれて志願兵となる若者もいるかもしれないなどと思いました。

サンタ・マリア・ノヴェッラ駅：ここでも軍人の姿

　昼頃にヴェネツィアのサンタ・ルチア駅へ移動しました。サンタ・ルチア駅とは素敵な名前。そこに向かう駅前にも軍隊のトラックがあり、銃を持つ数人の兵士がいました。私が駅前の写真を撮ると、彼らの1人が私を見たので、幾枚も撮るのは諦めました。美しい街には似つかわしくない光景でした。駅構内では、電車が入るホームの番号が発車5分前まで提示されませんでした。

（フィレンツェを発つ朝のホテルからの美しい光景です）

106

ヴェネツィアまでの電車：約3時間の素晴らしい眺め

　電車内には、イタリア語、英語、加えて、中国語の掲示がありました。中国人の観光客が多いゆえでしょう。途中の緊急停止のせいで長引いて、約3時間の列車の旅でした。列車移動は楽しいです。最初はトンネル内、それから、枯野、緑の郊外、住宅地、最後には、アドリア海への湾が素晴らしい眺めでした。

ヴェネツィア

　ここは、中世にはヴェネツィア共和国の首都として栄えた都市で、現在の人口は約26万人で、運河に囲まれて「水の都」等の別名を持ち、英語では"Venice"と呼ばれています。日本では、このヴェニスの方が聞き慣れているようです。

ヴェネツィアの駅：水路のみの交通手段、自称「駅のポーター」

　駅には本当にバスもタクシーも見られませんでした。私は、どのようにして大きな荷物を持ってホテルまで移動すべきかと思い、案内所に行こうとしました。すると、自称「駅のポーター」という人が来て、ボートを予約してくれました。屋根がピカピカのマホガニー製の立派なボートが来ました。

　彼が荷物をボートに乗せ、私がチップを5ユーロ（約700円）渡すと、彼は10ユーロを要求しました。高額とは思いましたが、待たずにボートに乗れるので、私はその額を彼に渡しました。夕日を浴びた運河と古き街の美しい眺めに、

私はまるで夢の中にいるようでした。20分ほどして、ボートは小さな橋に着きました。運転手がホテルまでの道順を丁寧に教えてくれました。

(美しい運河の眺めです)

滞在したホテル：芸術の香り

ホテルは質素で小さい施設でしたが、絵やオペラ歌手の写真が展示されている感じの良い所でした。部屋の壁にはクリムトの作品の模写がなされていました。フロントにはイタリア人とイラン系のスタッフがいました。2人とも英語を話しました。その1人に、私が「本当にこの街にはタクシーも自家用車も自転車も走っていないのですか？」と訊くと、"I have never seen a car or a bicycle here." という、never に力が入った返事が戻ってきました。

イタリアン・レストラン：夕食、ここでもティラミス

ホテル近くのレストランで夕食を取りました。野菜スープ、魚介類がどっさりのサラダ、パスタ、肉団子で、デザートはまたティラミスでした。フィレンツェでも、この街のどの店でも、ティラミスが出されましたが、それは、店ごとに体裁も味も異なっていました。

街中：迷路のような構造

夕食後にホテル付近を散策しました。運河の水面にさまざまな光が映って、

108

絵のようでした。立ち並ぶ商店は、どれも古くからの店で、手作りの美しいグッズを扱っていました。ガラスの小物、紙製品、革製品が美しかったです。

　この小さな街は、1日歩けば回れそうな広さでした。400もの橋があり、街並み、運河、細い石畳の道、どこも似た景色なので迷路のようで、スペインのトレドの街を思い出しました。

（光の効果が美しい古い建物です）（壁に描かれた楽しい悪戯書きです）

朝のホテル：風邪気味、サン・マルコ広場と宮殿見学予定

　朝起きると、私は風邪気味です。湿度の高い梅雨時期に風邪を引き易い体質です。水の街で風邪を引いてしまいました。珍しく食欲がなく、ホテルで、朝食として、ヨーグルトとジャムだけを口にしました。その日は、サン・マルコ寺院とドゥカーレ宮殿見学の予定でした。ネットでガイドを頼んでありました。

サン・マルコ広場：美しい眺め

　この広場からの眺めは、サン・マルコ運河、サン・マルコ寺院、ドゥカーレ宮殿、回廊、18世紀創業のカフェ、どれも美しいものでした。この広場で在イタリア28年の中年男性ガイドと待ち合わせました。18世紀創業のカフェ・オーレ発祥のカフェの前で、彼は、仮面と12世紀に始まった仮装カーニヴァルとの関係を教えてくれました。貴族が遊ぶ時、顔を見られないように仮面を被ったとか。また、「ニホンジンデスネ」と笑顔で近づくイタリア人には気を付けるようにとのこと。何やら寂しい話でした。

(宮殿から牢獄へ渡る「溜息の橋」です)

サン・マルコ寺院：かつてのヴェネツィア勢力

　これは、9世紀にエジプトから運んだ聖マルコの遺体を安置するために埋め立て地に建てられた寺院とのことです。ビザンティン建築であり、増築、改築を重ねられて現在の姿となったそうです。当時のヴェネツィアの勢力を今も伝える煌びやかな聖堂内でした。フラッシュ無しでも撮影禁止でした。

ドゥカーレ宮殿：民主主義が窺える投書箱、日本の少年使節団、壮大な絵

　この宮殿は8世紀に建てられ、15世紀に改修されて、現在の姿になったそうです。ヴェネツィア共和国の総督邸兼政庁でした。運河で隔てられている牢獄と「溜息の橋」で結ばれています。宮殿内は美術館です。目を見張るような壮大な絵が幾つも展示されています。世界最大の油絵、ティントレットの『天国』は7×22mの大作で、その大きさと色と動きとストーリー性には驚きました。

　貴族による当時の民主政治も窺い知れました。投書箱には誰でも記名入りで訴状を投函できて、その開封は数人で行われたそうです。腐敗政治を防ぐために、政治の長に立つ者は長期に渡っては務められなかったようです。ライオン像が象徴する「正義のヴェネツィア」が伝わる宮殿でした。現代の民主主義を考える上での知恵もあるようです。

ここは日本と関係のあった場所です。16世紀末、長崎からローマ法王に謁見するために派遣された4人の少年使節団が、フィレンツェのヴェッキオ宮殿に泊まり、その後10日間ほどこの宮殿に泊まったそうです。驚くことには、その少年たちは3年もかけて異国に渡り、5年もかけて帰国したとのことです。

絵の大きさに対する私の驚きは続きました。「凄い！凄い！」を連発していたようです。私は絵に気が取られていて、若いイタリア人女性数人の群れに衝突しそうになりました。私が"Sorry!"と言うと、彼女たちの笑顔が返りました。気真面目そうなガイドも、急に笑顔になって、「彼女たち貴女のことを可愛いって言っていますよ」とのこと。老女となりつつある私のことを「可愛い」とは。

牢獄：ここでも窺える当時の民主主義

宮殿から「溜息の橋」を渡り、鉄格子の牢獄に進みました。当時、罪人が「牢獄は石造りで寒い」と訴えると、石の上に木製壁が作られ、寒さに対処されたそうです。罪人の訴えにも耳を貸す、人権を配慮する民主政治だったそうです。

広場付近：18世紀創業のカフェ、ヴェネツィア・ガラスのアクセサリー店

昼頃にそのガイドと別れて、ここで3番目に古い18世紀創業の、ワーグナーも愛したと言われるカフェで、温かなカフェ・オーレを飲みました。その後で、回廊のヴェネツィア・ガラス手作り小物を売る古い小さな店を覗きました。並んでいたガラスのアクセサリーは、装飾品と言うよりは美術品に見えました。

「ミシュラン2018」と記されたレストラン：期待外れの料理

あるレストランの窓には、「ミシュラン2018」と記されていました。それに引かれて、その店で、サラダ、ミネストローネ、カニクリームパスタ、デザートの盛り合わせを食べました。期待外れでした。塩辛過ぎました。今回の旅行では、フィレンツェのホテルでの食事以外は、日本で食べるイタリア料理の方が

美味しいようでした。

アカデミア美術館：ダイナミックな絵

　朝食後にこの美術館に行きました。14世紀〜18世紀のヴェネツィア派絵画が展示されています。ベリーニの黒、青、赤色、ティントレットの動きとストーリー性、ティツィアーノの筆使い、ヴェロネーゼの構図とストーリー性が素敵でした。どれもダイナミックでありながら丁寧な描き方で、描き手の魂が伝わって来るようでした。フィレンツェでも同名の美術館に入りましたが、どちらも国立の美学校付属で、そこでは古い作品の修復も行われていました。

美術館付近のレストラン：日本好きのスタッフ

　ランチは美術館付近のレストランで取りました。ピッツアとティラミスを食べましたが、ティラミスは他の店のとは見かけも味も異なっていました。どちらも特大でした。陽気な店員が、日本語で、「ニホン、ダイスキ」、「スシト、キモノモ」と言いました。また、流暢な英語でも、「日本とイタリアを繋ぐ観光業をやるのが夢です」と言いました。

街中の商店：思い出されたベトナム人留学生

　街中に店員1人だけの小物屋がありました。彼は、商品を前にして、"not made in China"を繰り返しました。ここでも中国製は評判が悪いです。

　フィレンツェと同様に、ここも紙屋が多い街です。ある店頭に、東京で見かける切り絵カードと全く同じ物がありました。それはベトナム製で、ドイツから輸入しているとのこと。ベトナム人の手仕事も世界的です。その時、私が50年ほど前に知り合い、その後、行方不明になった、当時のエリートのベトナム人国費留学生の顔が浮かびました。時代は流れて変化しています。

大晦日の夜の街：予約のみのレストラン

　夜の散歩をしました。この夜も、街の光を映す運河端の景色は美しいものでした。夕飯をホテル近くのレストランで取ろうとしましたが、大晦日のせいで、どの店も予約のみでした。仕方なく、ホテルの食堂で、ホットサンドとティラミスを食べて、カフェ・オーレを飲みました。この旅では、コーヒーはほとんどいつもカフェ・オーレでした。大晦日の騒ぎもなく静かに年は暮れました。

マルコ・ポーロ飛行場へ向かうボート：冒険気分

　朝食後に帰りの荷造りでした。マルコ・ポーロ飛行場を午後3時頃発つ飛行機に乗る予定でした。その飛行場の名は素敵です。ヴェネツィア出身の日本に憧れた偉人マルコ・ポーロの名に因んで付けられたとのことです。ここは、長崎の少年使節団にしても、マルコ・ポーロにしても、日本と古い縁があります。

　フロントのスタッフに飛行場への楽な行き方を訊きました。「歩いて数分の船着き場にボートを呼ぶから、それに乗って飛行場に行くように」との指示でした。彼は船着き場までの近道を教えてくれましたが、私が、「大きな荷物を持って道に迷うのは嫌です」と言うと、「ボーイを一緒に行かせるので安心して」ということで、その話は落ち着きました。

　予約時刻丁度に、ボートは船着き場に来ました。ホテルのスタッフが、そのボートに私の重い荷物を積み込んでくれました。彼に僅かなチップを渡して、お互いに「有難う。さよなら」の挨拶を交わすと、私もボートに乗り込みました。ボートが動き出すと、辺りの運河の景色は見事でした。街を抜けると、そのボートは怖いくらいに勢いを増して走りました。そのおかげで、飛行場まで1時間かかる予定が30分で着くことができました。料金は規定通りでした。別れ際に、その運転手は、英語で「気をつけて帰るように」と言いました。

帰路の機内：残念な機内食

　空港では、搭乗予定時刻までずいぶんと時間がありました。Eチケットを搭乗券に交換してから荷物を預けるエールフランスのデスクは、出発2時間前に開く予定でした。それまで私は紅茶を飲んで過ごしました。その紅茶は、私が日本でも飲み慣れているトワイニング製でした。往路と同様に、エールフランスでパリまで、そこで乗り換えて羽田でした。

　パリまでは時間通りの飛行で、ゆとりを持って乗り換えができました。乗り換えた飛行機は、往路と同じ日本の航空会社のものでした。食事も、往路と同じように、1口入れると不味くて、とても続けて食べられそうにありませんでした。これからの海外旅行では、安全性は当然のことながら、機内食の美味しい航空会社を選びたいと強く思いました。今回の食いしん坊の私の旅は、機内食は別として、日本国内での料理の味の良さを再認識できた旅でもありました。帰路の機内で、早く帰宅して自分で料理を作りたいとも思いました。羽田から品川駅に着くと、私は、駅前のスーパーで食材を買い込んで、我が家に向かいました。

日本画 F40 号『ヴェネツィアの夢』著者作

油絵 F 6 号『白い花』著者作

フィンランド共和国とエストニア共和国

ヘルシンキ、ポルヴォー、タリン

（2018 年 8 月）

　フィンランド共和国も、エストニア共和国も、私が初めて訪れる国でした。
地理的に近い両国の共通点も見出せましたが、それぞれの顕著な相違点も感じ
られて、この旅は興味深いものとなりました。

フィンランド共和国

　この国の面積は日本よりやや狭く、65％が森、10％が湖沼と河川、8％が耕
作地で、山はほとんどなく、湖が 18 万もあるそうです。人口は、最近の資料に
よると、日本の約 25 分の 1 で、その約 5 分の 1 が首都圏に住んでいます。人
口密度は日本の約 20 分の 1 です。公用語は、フィンランド語、スウェーデン語、
サーミ語、ロマニ語、フィンランド手話です。このフィンランド手話が入って
いるというのは、福祉国家ならではのことです。

　フィンランド語は、他のヨーロッパ言語とは異なり、東アジアのウラル語族
に属しているそうです。ほとんどのフィンランド人が高度な学校教育を受けて、
小学 1 年生から必修で学ぶ英語を流暢に話し、その中には多言語を使える人も
多いようです。フィンランド語は、別の語族である日本語と音や文法面での共
通点が見られるそうです。英語学習よりも日本語学習の方が安易であると考え
るフィンランド人も少なからずいるようです。

　宗教は、国教としては「ルター派教会」と「フィンランド正教会」ですが、
現在、ルター派にはフィンランド国民の 70％が、正教会にはその僅か 1％のみ
が所属しているそうです。

　長い年月に渡って、この国は他国に侵略されてきました。スウェーデンに 12

世紀世紀〜18世紀の約650年間、その後、ロシアに約100年間統治され、1917年のロシア革命と同年に独立した中立の福祉国家とのことです。

エストニア共和国

　フィンランドやロシアと同じく、この国はフィンランド湾に面します。首都タリンの港が不凍港ゆえに、他国に占領された歴史があります。国土面積は日本の九州程度ですが、フィンランドと同じく、平坦な地形です。最近の資料によると、人口134万で、人口密度は低く、日本の約10分の1です。

　公用語はエストニア語ですが、ロシア語も多く使われています。エストニア語も、フィンランド語と同じく、東アジアのウラル語族に属し、日本語との類似が指摘されます。この国も教育水準が高いため、ほとんどの成人が英語を話し、多くの人は多言語を使えるようで、英語よりも日本語が学びやすいと思う人もいるようです。宗教に関しては、2015年の調査では国民の51%がキリスト教徒で、その25%が正教会に、20%がルーテル教会に所属し、49%は無宗教です。

　13世紀以降、デンマーク、ドイツ、スウェーデン、ロシア帝国に統治され、ロシア革命後の1918年に独立し、その後、ソビエト連邦、ナチス・ドイツ、再びソビエト連邦によって統治され、やっと1991年に独立した国です。フィンランドとは異なり、現在のエストニアは、新自由主義を急進している低福祉国家で、貧富の差が激しい国とされます。

　実に短い期間の、たった3都市の訪問でしたが、大胆にも、両国に感じられた共通点と相違点を次に述べます。それらは、これまで記したような両国の地理的環境、歴史的環境、そして、言語・民族的環境と結びつきます。

大自然と建物が美しい両国
　フィンランドのヘルシンキでも、エストニアのタリンでも、水と岩と緑、そ

れらが創り出す自然美は見事でした。その自然とそこにある古き街が調和して、一層美しい光景を生み出していました。美しい自然に取り囲まれているゆえもあってか、人々が創り出す生活環境にも、彼らの美的で高いデザイン性を感じる取ることができました。

自立志向の人が多い両国

　どちらの国でも、ほとんどの若者が、18歳になると親から離れて暮らし、自立へと向かうとのことでした。結婚後の2世代、3世代同居も見られないようです。「親との同居は恥ずかしいこと」と考える若者も多いそうです。

　男子は18歳から徴兵されます。(フィンランドでは6か月間〜1年間で、エストニアでは8か月間〜11か月間で、長期経験者の方が就職に有利とのこと) どちらの国でも、ほとんどの国民は、徴兵制度を近隣の大国に対する防衛のために必要なことと考え、「男子の母親離れの良き機会」とも捉えているそうです。

　女性の自立志向も強いようでした。老人女性を除くほとんどの成人女性は有職者とのことでした。結婚しても、子を産み育てても、家庭と仕事との両立は当然であり、親や男性の経済力に頼って生きようとする女性は皆無に近いと知らされました。保育園や男女に与えられる育児休暇が充実していることも、女性の社会進出を助けているのでしょう。日本の現状とは大きく異なります。

　加えて、どちらの国でも、同性婚は法的に認められているそうです。これも日本での状況とは異なります。

日本語に似ている両国の言語

　先にも述べたように、両国の母国語は東アジアのウラル語族に属して、別の語族に属する日本語との類似性が見い出されるようです。それには驚きました。フィンランド語も、エストニア語も、アクセントの位置は別としても、その文法と音が日本語に似ているそうです。

日本語とフィンランド語とエストニア語の共通項を知るだけでなくて、その
どの国民も、一般的には、「無口ではにかみや」と言われていることも知りまし
た。言語と民族気質の繋がりも考えさせられました。

教育熱心な両国

　フィンランドも、エストニアも、教育水準は世界トップにあるようです。特
に外国語教育と IT 教育は定評があるようです。フィンランドでは、日本とは全
く異なり、低学力者層の子供に対する徹底した指導がなされているそうで、福
祉国家ならではのことに思われます。

　両国が教育熱心であることは、長年に渡って他国に占領され、自立を願って
励んで来た国であるという歴史によるものと思われます。かつての大国だった
スペインとは対照的です。フィンランドとエストニアが外国語教育と IT 教育を
重んじていることも、自国の自立と繁栄に対する強い願望の顕れと思います。

　福祉に篤いと言われるフィンランドでも、逆に低福祉国家で貧富の差がある
と言われるエストニアでも、小学校から大学院までの教育全課程の学費が例外
を除いて無料だそうです。それゆえか、日本を優に超える大学進学率であり、
ほとんどの若者が高学歴志向のようです。責任が重い仕事に就くためには大学
院修士までの教育が必要であるとも言われています。フィンランドでは、大学
と大学院修士課程はセットになっており、それを希望しない若者には専門大学、
専門学校が用意されているそうです。ほとんどのフィンランド成人はフィンラ
ンド語、スウェーデン語、英語を話し、多くのエストニア成人はエストニア語、
ロシア語、フィンランド語、スウェーデン語、ドイツ語、英語を話すようです。
加えて日本語を話す人々もいて、これには驚きます。

夏冬の日照時間に大きな違いのある両国

　どちらの国でも、夏 8 月初頭の日照時間は 16 時間半前後、冬は暗黒の時間

帯が長く、1月初頭の日照時間は6時間前後のようです。日照時間が短い間は、数か月間も閉鎖される娯楽施設が多く、太陽の見えない冬の鬱状態に苦しむ人も多いようです。それが原因となり、アルコール中毒が社会問題となっているそうです。これも両国の人々の平均寿命が比較的短いことと関連しているのかもしれません。

例年の夏の最高気温は20℃前後で、高くても23℃程度だそうです。どちらの国でも、この数年は異常気象とのことで、今年の7月には最高気温27℃～28℃の日もあったそうです。エストニアでは、私が訪れる直前には、最高気温が30℃の日があったとのことでした。冬も、フィンランドのヘルシンキでは、雪の降らない12月から1月の期間があり、昨年末は雪がなかったそうです。カリフォルニア州のヨセミテ旅行でも同じような温暖化現象を知らされました。

移民が社会問題となっている両国

どちらの国でも、難民、移民のことが問題になっており、他国からの移民を嫌う国粋主義の人々も多く出始めているようでした。フィンランドは高度な福祉国家と言われているのに、物乞いが見られたことに驚きました。それは10年ほど前から社会問題になっているそうで、異国からの出稼ぎ集団だそうです。

寛容な宗教観を持つ両国

ヘルシンキにも、タリンにも、キリスト教の宗派の異なる幾つもの美しい古い教会がありました。一般的には、フィンランド人の宗教はキリスト教のプロテスタント・ルター派とフィンランド正教会（ロシア正教会）で、エストニア人の宗教は古くからの自然崇拝とキリスト教のプロテスタント・ルター派とロシア正教（ロシア人に限られる）と言われています。他のヨーロッパ諸国での経験とは異なり、立派な外観の教会を訪ねても、その内部には静かに祈る人の姿は見られず、神に向かう厳かな雰囲気はありませんでした。そこは観光の場

であり、博物館や美術館やコンサート会場の観が強くありました。

どちらの国でも、人々の宗教に対する態度は、多くの日本人のそれに似て、寛容に思われました。彼らは、宗教を篤い信仰対象としてでなくて、歴史・文化・道徳として考えているようでした。他国による長い統治とそれによる宗教の強要によって、自らを守るためにその寛容な宗教に対する態度が育ったと言われます。日本でも似たような歴史的状況があったように思われます。

両国の目立った相違点

フィンランドの首都ヘルシンキでは、エストニアの首都タリンとは異なり、人々の丁寧で親切な言動にしばしば会いました。私が地元の人に何かを尋ねるたびに、2段階、3段階と、親切な答えがありました。その時の彼らの優しい瞳が思い出されます。

一方、エストニアの首都タリンでは、短時間の滞在だったからかもしれませんが、そのような体験はなくて、笑顔の人も少なかったように思われます。

これが両都市での印象の大きな違いです。その違いは、フィンランドは高度な福祉国家であり、その一方、エストニアは新自由主義を突っ走る貧富の差の大きな低福祉国家であること、それに起因するように思われます。

成田からヘルシンキへの機内：また落胆させられた機内食

午前10時頃、直行便のフィン・エアーで、ヘルシンキに向けて成田を発ちました。比較的短い9時間の飛行でした。乗り換えに時間のかからない直行便は良かったのですが、その便は、また日本の某航空会社との共同運航だったので、何やら嫌な予感がしていました。案の状、機内食は酷かったです。昨年その航空会社の機内で出された食事と形状も味もそっくりで、今回も、デザート以外は不味くて食べられませんでした。フィン・エアーのホームページに「機内食は共同運航の航空会社によって異なる」と書いてあったので、それは予想して

いたことです。成田空港でチェックイン後に購入したおにぎりと、家から持参していた煎餅で、私は空腹を満たすことができました。

　機内での楽しみであるゲームが搭載されていませんでした。「IT 教育が盛んなフィンランドの飛行機なのに」と、がっかりしました。映画を 2 本観て眠りました。フィンランド着の予定が午後早い時刻なので、機内で睡眠を取る方が、現地に着いてから活動しやすいのです。その効果で、ヘルシンキに着いてからも時差ボケはありませんでした。

　機内の室温は、これまで同時期に乗ったヨーロッパへの機内に比べて寒く感じられました。私の服装はいつものこの時期の旅行時と変わらないのに、機内に置かれた毛布を首から足の先までかける必要がありました。これは初めての経験でした。

ヘルシンキ

ヘルシンキ・ヴァンター国際空港：紙と木材の展示

　現地時間の午後 2 時頃、ヘルシンキのヴァンター国際空港に到着しました。天気は晴れ、気温は 23℃でした。この空港での入国審査は、パスポートと顔を見ただけで、何の問いかけもなく簡単に済みました。空港構内の展示ケースの中には紙製品と木材が置かれていました。それらはフィンランド人が誇るフィンランドの匂いなのでしょう。

　預けていたトランクを受け取る時間もさほどかからず、空港から市街地へのタクシーの走行距離と所要時間も他の国での体験に比べると短く、午後 3 時頃にはヘルシンキ市内のホテルに着くことができました。

宿泊したホテル付近：カモメ、変貌しつつある古い街中

　ホテル付近に幾つもある緑美しい公園には、肥ったカモメの白い色が鮮やか

でした。地元の人に言わせると、カモメの糞害が大変なそうですが。そのカモメの姿に、ヘルシンキは海近い街ということを知らされました。

　古めかしい石畳の大通りには路面電車の線路が光り、歩道横には自転車専用道があり、人を僅かに乗せた路面電車と自転車が絶え間なく走っていました。通り沿いのタクシー乗り場には幾台かの車が停まっていました。流しのタクシーには乗り難いようでした。また、付近の街路には石積みの工事現場が多く見られ、古き街は変貌しつつあるようでした。

街中：化粧気のない女性たち、ミニスカートの女性たち、大きなお腹の妊婦

　道行く人は金髪が多く、予想に反して、地元の人らしき姿は日本人並みの体格に見えました。女性の化粧した顔は見かけられず、素顔ばかりのようでした。女性の化粧顔は、帰国する日まで見られなかったような気がします。これには驚きました。膝上 10 ㎝程度のスカート姿の女性や、元気に歩く大きなお腹をした妊婦も多く見られました。

　この街で知り合った生まれも育ちもヘルシンキという 30 歳女性に言わせると、「10 代の女の子を除いては、ほとんどの女性が化粧をしません。自然を好むだけでなくて、仕事に忙しくして化粧をする時間が惜しい女性がほとんどです」とのことでした。加えて、彼女は、「女性の職業と結婚生活、子育ての両立は当たり前です。非正規採用で必死に働いている女性も多いです」と言いました。短い丈のスカートについては、「近年の異常気象による高温のため、昨年来流行り始めています。自分も昨年に幾枚かのスカートを購入しました。気持ちが良いです」とのことでした。温暖化とミニスカートの関係も面白いです。

ホテル近くのレストラン：夕食、愛想の良いスタッフ

　ホテル近くのレストランで夕食を取りました。前菜、サーモンサラダ、パスタ、パンナコッタでした。パンとパンナコッタは良い味でした。他は日本で食

べるものの方が美味しいようでした。値段は日本以上でした。フィンランドの物価は高いようです。その税はこの国の高度福祉に向けられるのでしょう。

　その店のホール係のチーフと思われる男性は親切で愛想が良かったです。綺麗な英語で、「多く注文しないように。量が多いから」との忠告でした。外見がイタリア人と日本人の混血のように見えたので、私が「貴方は日本人に似ています」と言うと、彼は、満面の笑顔で、「残念ながら、私は日本人ではありません」との返事がありました。

滞在したホテル：大きなシャワー室、飲める水、分別のないゴミ箱

　ホテルのシャワー室は他の部屋に比べて広くて、日本の単位で 10 畳くらいありました。シャワーの下には頑丈な折り畳み椅子が設置されていました。福祉国家ならではの思い遣りのある構造でした。昼間見かけた、誰にも付き添われずに、ひとりで行動する車椅子の老女の姿が思い浮かびました。

　この国では、海外では珍しく、水道水が飲めて、その水道水は上質で美味しいとの定評があります。このホテルの水道水も飲めましたが、日本の我が家の水道水の味と変わりがありませんでした。日本で当たり前に飲んでいる水道水も良質で美味しいのだろうと改めて思いました。フィンランドは「水の国」とも言われるのに、不思議にホテルの水道の水圧が低かったです。

　ホテルでも、他の場所と同様に、ゴミ箱に分別がありませんでした。ゴミ分別の緩い国とのことです。家庭では、生ゴミ、新聞紙、その他の燃えるゴミ、燃えないゴミくらいの分別のようです。それも人口が少ないゆえに可能なのかもしれません。空き缶をスーパーに持って行くと換金できるというシステムは面白いことでした。午後 10：00 過ぎまで、空は明るかったです。

朝のホテル：日本とさほど変わらぬ朝食、元気に働く妊婦のウェイトレス

　朝、目を覚ますと、空は明るくなっていました。朝食は卵もベーコンもハ

ムも果物も、日本で食べているものと変わらない味でしたが、オレンジジュースとチ—ズとココナツクッキーは良い味でした。

　驚いたことに、早朝、大きなお腹の、妊娠 9 か月くらいに見えるウェイトレスが笑顔で元気に働いていました。日本では決して見られない姿です。女性の自立志向が高いだけでなく、人手が足りないのかもしれません。その姿に驚きながらも、職種も場所も異なりましたが、私自身も 2 人の子の出産直前まで、家事に加えて、自分自身のデスクワークに励み、そして、産後 2 週間目からは、その仕事を再開していたことを思い出しました。彼女の場合は接客で立仕事なので、彼女とお腹の子の健康が心配になりました。

ヘルシンキ大聖堂：立派なポール、憐れな物乞い

　この聖堂は 19 世紀中頃に建てられ、この国におけるルーテル派教会の総本山で、その前にある広場を見下ろしています。大きな階段と白い玄関ポールが見事でした。内部は、プロテスタント教会なので外観ほどは立派ではありませんが、大きなパイプオルガンが印象的でした。

　その付近には哀れな物乞いの姿が見られました。「福祉国家でなぜ？」と疑問に思いました。現地人に訊くと、「この国では物乞いする人は 1 人もいません。生活に困れば必ず国が救います。物乞いは他の国からの出稼ぎグループです。社会問題になっています」とのことでした。

ウスペンスキー寺院：北欧最大の美しい正教会

　これは北欧最大の正教会で、フィンランド正教会（ロシア正教から分立）です。19世紀後半にロシア人建築家によって建てられた、赤煉瓦の美しい教会です。内部にある宗教画や陶器等も見応えがありました。出口付近では、ラトビアからの土産物屋が素敵な教会グッズや手芸品を売っていました。

マーケット広場：作家の店、早口日本語も話す人形店主、素敵な毛糸店

　その寺院から5分ほど歩いて下ると、港に至りました。多くの人と店とカモメが見られるマーケット広場がありました。1889年築のオールド・マーケット・ホールもありました。この広場は、日照時間が短い9月半ば〜5月半ばは閉じられるそうです。広場の前には立派な大統領官邸と市庁舎が見えました。

　この広場には、飲食関係の他に、作家が店主となって、人形、手芸品、木工細工品、ガラス細工品等が売られていました。どれも立派な美術品に見えて、日本ではあまり見られないような光景でした。ある人形店では、民族衣装を身に着けた人形が私の目を引きました。そこに入ると、店主の女性が笑顔で迎えました。彼女が人形の顔を作り、夫がその胴体を作っているとのことでした。彼女が、流暢な英語に交えて、早口の日本語を話したので、私は驚きました。そこには日本人の客が多いので、彼女は日本語を学習したのかもしれませんが、それにしても、見事過ぎる、信じられないような早口日本語でした。（帰国して

から、そこで購入した人形を日本画に描きました）

　ある店頭には、日本では見かけられそうもない色の糸がありました。店主の妻が植物やキノコで染めた糸とのことでした。自然に恵まれるフィンランドらしいことです。

（オールド・マーケット・ホールです）　　（大統領官邸です）

オールド・マーケット・ホールのレストラン：ジャガイモの美味しい味

　1889年創業の赤レンガ作りの市場で、昼食にフィンランド名物を食べました。シナモンロール、サーモンスープでした。スープに入っていたジャガイモが特に美味しかったです。この国では、かつて「主食のジャガイモを上手く煮ることができなければ、嫁に行けない」と言われていたそうです。

（人間かと思ったら、人形です）（シナモンロールがオブジェです）

127

エスプラナーディ公園：ヴァイオリン演奏、人々のさまざまな姿、ゴミ箱

　ここは細長く東西300mあり、木々や花や彫像が美しい公園です。野外コンサート会場や路上ではヴァイオリン演奏が聞かれました。シベリウスが育った街で、世界的に有名な「シベリウス音楽学院大学」があるからでしょう。

　ベンチに座っていると、ミニスカートの女性、車椅子の人、妊婦、同性愛のカップルらしき人、シャボン玉遊びをしている子供、さまざまな人たちが数多くみられました。日本の街で見られるような乳母車に乗る赤ん坊はいませんでした。赤ん坊を預かる施設が多いからでしょう。幼子を連れた親子は見かけられました。屋台にどっさりと並べられた大きなザクロも印象的でした。

　この公園でも、ゴミ箱は分別されていませんでした。地球資源のことを考えると、ゴミの分別は大切だとは思いますが、細かな分別は正直言って面倒です。そのゴミの分別無しは、この国は人口が少ないからか、豊富なエネルギー資源を持つからか、それとも、大らかな国民性を反映しているのでしょうか。

公園近くのレストラン：美味しいイタリアン

　夕食を公園近くのレストランで取りました。松の実とベリーが乗っているトマトとサーモンのサラダ、マッシュルームのクリームスープ、海老の炒め物でした。素材の野菜と海産物の味が活きていて美味しかったです。午後8：00過ぎても、外は日本の夏の午後4：00頃の陽光が差していました。

エストニア共和国の首都タリン

　ここは中世ハンザ同盟の都市であり、北欧で最も古い首都とのことで、旧市街地は世界遺産となっています。

タリンへの巨大フェリー : 賑やかな過ぎる中国人観光客、静かな犬

　午前8時頃のフェリーで、ヘルシンキのランシ・ターミナルから隣国のエストニア共和国の首都タリンに向かいました。初めての場所で、初めて乗るフェリーなので、ホテルを早めに出ました。出航前にずいぶん時間がありました。出航1時間前に、自動チケット交換機に予約ナンバーを入れると、チケットは簡単に得ることができました。行先のエストニアはフィンランドとは別の国なのに、ここでは出国の手続きは不必要でした。

　巨大フェリーに乗り込みました。船内では、多くの中国人が群れをなしていて、他の乗客などお構いなしで大声を張り上げて行動していました。現地人が連れた大きな犬もいましたが、それが人間の邪魔にならないように静かにしていたのが印象的でした。

　ヘルシンキでも、タリンでも、地元の人から中国人観光客の悪口をしばしば聞かされました。「集団で大きな声を張り上げて煩い」、「行儀が悪い」、「集団で景色の良い場所を独占して譲らない」等々でした。オーストリアでも、イタリアでも、同じような話を聞いた覚えがあり、サンフランシスコでは実際に中国人による嫌な体験をして、ヴェネツィアでは中国人観光客お断りのホテルも増えていると聞いたばかりでした。

　私は人種偏見を悪と考え、自分自身には人種偏見はないと思っていましたが、最近は中国人に対する嫌悪感のようなものが生じ始めています。それでも、日本国内でもそのような中国人と似た行動を取る人々もいますし、特にそのような中高年女性も多くいるように思います。

　今回の旅で出会った中国人嫌いのフィンランド人とエストニア人は、共通して、「中国語は母音が強くて耳障りで煩い」と、それとは対照的に、「日本語の母音は柔らかで耳に心地よい」ことも指摘していました。表現を変えれば、「中国語はエネルギッシュで、日本語はぼんやりしている」とも言えるかもしれません。たぶん、言語の音は、良し悪しは別にして、その民族なり国民性に繋が

るのかもしれません。

旧市街地：ここでも多くの賑やかな中国人集団観光客、上下部に分かれる街

　中世の名残があるという旧市街地を散策しました。この石畳の街は多くの観光客で賑わっていました。現地の人が、「観光客の少ない時間帯に散歩をすると昔に戻ったようで素敵です」と言いました。その観光客は中国人集団が多くて、この街で知り合った地元の女性に、「中国人の集団が群れをなして来ると景色も見られず写真も撮り難いので、中国人を避けて散策するように」と、ここでは珍しく、親切な忠告を受けました。

　この街には、独立100年を記念する旗やポスターが掲げられていました。旧市街地は、中世からある古い城壁と門によって丘の上と下に分かれていました。丘の上はドイツ人貴族が住んでいたという地域で、丘の下はドイツ商人やエストニア人の区域であったそうです。

ラエコヤ広場：多くの観光客

　市庁舎近くにあるこの広場には、個性的で楽しげな手芸品を売る出店が多く出ていました。観光客の数が多過ぎて、私は出店を見て楽しむことができませんでした。

展望台：旧市街地の美しい眺め

　この展望台も多くの中国人観光客がすでに占領していました。私は隙間を見つけて旧市街地の写真を撮りました。眼下に見える古い美しい景色は、絵本の中の絵のようでした。「中世時代そのままの姿」と言われるナッツ売り場もありました。そこのナッツを買って食べましたが、それは自然で懐かしい味でした。

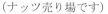（ナッツ売り場です）　　　　　　（展望台からの眺めです）

聖マリア大聖堂（トームキリク）：博物館のようなルター派の教会

　ここは、デンマーク支配時代の 13 世紀に建築され、17 世紀に焼失し、100 年かけて再建されたルター派教会です。私は、聖母マリアがプロテスタントに讃えられることが理解できませんでした。調べると、プロテスタントではルター派のみマリアを敬拝します。また、この国は、他国による占領や統治によって宗教を強要され、その表面だけ受け入れた歴史があるそうです。それゆえ、教会堂は博物館化、美術館化、コンサート会場化していました。この国民の宗教に対する態度は、程度の差こそあれ、多くの日本人のそれに近いようです。

アレクサンドルネフスキー寺院：ロシア正教の立派な聖堂

　19 世紀末にロシアの権威を示すために建てられたロシア正教のアレクサン

ドルネフスキー寺院もありました。エストニア人には嫌われる教会のようでしたが、立派で素敵でした。そこに祈りに来ている人々の姿も見られました。

トームペア城：今はエストニアの国旗がはためく国会議事堂

　これは、13世紀ドイツ騎兵団により要塞が建築され、18世紀末にロシアにより改築がなされ、現在はエストニア国会議事堂となっています。裏側は中世のまま、表側はロシアのバロック建築、というのも面白いです。かつてドイツやロシアの国旗が見られた高い塔には、エストニアの国旗が翻っていました。

短い足と長い足：風情のある歩行者用道路と車道

　ここは高台の町と下町に分かれています。高台から下る「短い足」と呼ばれる急坂の歩行者用道路は階段で、その脇には民芸品を売る店が並んでいました。その途中には城壁と門があり、その門は、高台に暮らすドイツ貴族の生活と、下町に暮らすドイツ商人や職人やエストニア人を中心とした庶民の生活を分け

る関門となっていました。「長い道」と呼ばれる車用のなだらかな坂道も風情がありました。

レストラン: 伝統料理店、現地人から聞かれた興味深い話

　国営の土産物屋には美しい民芸品が並び、刺繍の小物入れと人形が素敵でした。伝統料理の店では、私は、バターとジャムをつけた、現地人の主食の黒パンと、種や木の実を添えた肉料理を美味しく食べました。

　食事までの間、地元の女性から興味深い話が聞けました。この国でも、女性の就業率が高く、保育園は完備され、教育費は全て無料とのことでした。また、18歳〜28歳の男性は8〜11か月間徴兵され、彼女は、「弟が兵役後は母親離れしたようです」と言いました。「日本の男性は兵役がないから弱々しくて嫌いです」とも。数年前の韓国で出会った、台湾人と恋愛中という韓国人女性が、同じようなことを言っていたのを思い出しました。私は徴兵制度には反対ですが。

パステル画F6号『エストニア人形』著者作

ヘルシンキに戻るフェリー：また賑やかな中国人観光客の団体

　タリンの旧市街地は美しかったのですが、観光客があまりに多くて、私自身もその一人でしたが、疲れを感じました。予定より早いフェリーの便に変えて、ヘルシンキに戻ることにしました。便を変更する時だけパスポートを提示させられました。帰りの船内は、来る時よりも混んでいて満員でした。全て自由席なので、中国人家族が私の両隣の席に押し寄せて来ました。彼らは楽しそうでしたが、その声高で賑やかな会話が私の耳には煩さく感じられました。

再びヘルシンキ

ハーバーのレストラン：美しいハーバーの眺め、感じの良い中国人スタッフ

　夕食を取る店を探しに出ました。この街は狭くて、夜も明るいので、行先も決めずに散策し始めました。20分ほど歩くと、夕日が美しいハーバーに着きました。そこで海を見渡せるレストランを見つけました。テラスに座ると、夜8時過ぎというのに、日本の夏午後4時頃の光の強さの夕日が、海とヨットと対岸の古い建物を美しく照らしていました。店内に張ってあったロブスターの絵が印象的だったので、私がそれを注文すると、「残念！予約です」と、スタッフは流暢な英語で明るく答えました。

　彼の顔は日本人顔で、15年ほど前の教え子、朝鮮民族の中国人留学生にも似ていました。彼は、その綺麗な英語で、「日本のどこから来ましたか？」と続けました。「東京です。貴方は日本人に似ていますね」と答えると、嬉しそうに、「中国生まれのフィンランド育ちです」と言いました。昼間見かけた中国人集団と同じ中国人とは思われない感じの良い人でした。その出会いで、かつての教え子の中国人留学生や10年ほど前に大連で出会った親切な中国人のことも思い出しました。あの気配り豊かな中国人たちはどこに消えてしまったのでしょうか。中国も変わったのでしょう。ここでも、たくさん注文しないようにと

いう忠告で、海産物サラダと、具たくさんのサーモンスープと、黒パンを食べました。サーモンとジャガイモが美味しかったです。

(ハーバーの眺めです)

街中：ルター派の教会、街路の面白い光景

　ホテルへ歩いて戻る途中に、古い赤レンガの教会がありました。観光用地図には載っていませんが、教会の人に宗派を尋ねると、急に笑顔になって、「ルター派です」とのこと。その笑顔は誇りの表れだったのかもしれません。紙細工が飾られているインテリア店や、デザイン性の高い家庭用品が見られる金物店の、歩きながらのウィンドウショッピングも楽しいものでした。電気配線版ボックスには悪戯書きも見られ、それらは美しい芸術作品のようで、緑濃い街を飾っていました。

(配電盤ボックスの悪戯描きの鳥の絵です)

135

コルケアサーリ・ヘルシンキ動物園：広大で美しいパーク

　アモス・レックス美術館に行くつもりでした。そこは個人収集のフィンランド絵画の美術館としてはこの国一とされ、是非とも見たいと思いました。タクシー乗り場で、運転手にその行先を言うと、彼は携帯で調べてくれて、「今は閉館中です」との答えでした。それを乗車する前に知らせてくれた親切な運転手でした。その時、私は、ドイツのベルリンで訪れたスケールの大きな動物園を思い出して、急遽、ヘルシンキの動物園へ行くことにしました。

　ここはコルケアサーリ島全体が動物園となっていて、広々とした園内と動物舎、動物園から望む対岸の景観、どれも魅力的でした。また、園内を自由に歩く孔雀の親子、巨大な岩山で遊ぶブラックバック、珍しいトナカイが見られたことも良かったです。（この孔雀の母子の姿に絵心を刺激されて、帰国してから日本画に描きました）

（表紙の絵となった孔雀の母子です）

136

園内のレストラン：気になるゴミ箱

　園内の食堂で昼食を取りました。チーズ生ハムサンド、アイスクリーム、コーヒー、ブルーベリーケーキでした。ここでもゴミ箱が分別されていませんでした。私がゴミをどうしようかと思っていると、素早くスタッフの女性が来て、親切にもそれを処分してくれました。

動物園のオフィス：親切なスタッフ

　動物園の事務所でタクシーを頼み、次に訪問予定しているデザイン美術館に直行することにしました。車を呼んでもらう時も、待っている間も、それが来た時も、女性スタッフの気遣いが豊かでした。彼女は幾度もオフィスから出て来て、「直ぐ車が来るから」、また、別のタクシーが来ると、「あの車ではないから」、呼んだタクシーが来ると、「この車です。良い旅を」という具合でした。彼女の目の優しさが印象的でした。この国ではチップの習慣はないだけに、その心遣いが有難かったです。園内では一般の客にも親切にされました。私があるカフェを覗いていると、中年男性が、「今日は開いていない。別の大きなレストランがあちらにあるから」と言って、その場所まで連れて行ってくれたこともありました。

デザイン美術館：美しいフィンランド・デザイン

　この美術館は、建物の外観、館内の壁、手すり、椅子、どれも美しくて、シニア入場料8ユーロとフラッシュ無し撮影可も嬉しく、展示品にも感動しました。「世界に誇るフィンランド・デザイン」と聞いていましたが、そのとおりで、特にガラス作品の美しさには鳥肌が立つほど魅了されました。

（ガラス作品が光の中で美しいです）（出口には入館者のシールです）

ホテルへの帰り道：迷子、親切な現地人

　美術館からホテルへは近そうだったので、私は歩き始めました。10分ほど歩いてもホテルに着かないので、不安になって街の人に道を尋ねました。彼は、「反対方向に10分ほど歩くと分かれ道があるから、そこを右に進むように」と言うなり、「貴女の足だとホテルまで20分以上はかかりそうなので、タクシーに乗った方が良い」と、親切にタクシー乗り場を教えてくれました。彼の優しい表情には、動物園やホテルのスタッフのそれに共通するものがありました。

ホテル近くのレストラン：またイタリアン

　夕飯は、ホテル近くのレストランで、またイタリアンを食べました。スープ、

サーモンサラダ、ミートソースのスパゲッティです。これも日本で食べるものの方が美味しかったです。

アテネウム美術館：フィンランド最大規模、懐かしい絵との再会

　この美術館は、19世紀中葉に、民族意識高揚運動によって建てられたそうです。18世紀〜20世紀のフィンランド作家の作品と、19世紀〜20世紀の国外の作品を収蔵し、国内最大規模の美術館のようです。シルバー料金10ユーロで入館できて、カメラ撮影はフラッシュ無しで可でした。

　館内の絵には驚きました。フィンランド人画家の作品がこれほど魅力的であるとは知りませんでした。色とタッチが魅力的な作品が多くありました。上野の美術館で観た絵との再会もありました。ヘレン・シャルフベックの『恢復期』です。母心が刺激される絵です。懐かしい絵との再会にも感激でした。

（ヘレン・シャルフベックの『恢復期』です）

ヘルシンキ市立美術館：ヤンソンの作品、気さくなスタッフ、新しい写真芸術

　建物自体は、1940年戦時下のために中止となったオリンピックのテニス会場だったとのことで、複合商業施設となっていました。その一部が美術館でした。展示は興味深いものでした。最初に目に入ったのは、美術館入口に向かうエスカレーターの真上の天井から釣り下がる、調理用の金属ボールを繋ぎ合わせたキラキラと輝く美しいオブジェでした。

館内に入ると、ムーミンの作者トーベ・ヤンソンが描いた大きなフレスコ画、『都会のパーティー』と『田舎のパーティー』がありました。私は彼女のことをムーミンの作者としてだけ知っていて、彼女が素敵な絵を描く画家であり、北欧では有名な小説家であったことを知りませんでした。また、彼女が女性を愛して長く同棲していたことも知りませんでした。ショップには彼女の伝記の日本語訳本が山積みでした。ここにも多くの日本人が訪れているのでしょう。

　学芸員は気さくでした。彼女は私に "Hello!" と挨拶し、「この美術館よりも大きなアテネウム美術館には行きましたか?」と声を掛けてきました。私が、すでにその美術館には行ったことを知らせると、彼女は、「日本人でしょう。日本語で朝の挨拶は何と言いますか?晩の挨拶は?」と流暢な英語で言いました。私が、「おはようございます」と「こんばんは」と知らせると、彼女はそれらの意味を訊きました。私がそれに答えると、彼女はそれを幾度も口真似していました。このような現地人との対話も楽しいことです。

　絵画以外の展示も興味深いものでした。写真のコーナーでは、モノクロ写真に赤い糸を縫い付けたり、カラフルな待ち針を刺したり、部分的な貼り絵をしたりと、私には目新しい作品が多く展示されていました。日本の写真展では決して見たことのない作品です。

　街中の工事現場も展示されていて、その色と形が印象的でした。街路に見られる悪戯書きも美術品として展示されていました。この街でしばしば見られる、電気配線版ボックスに描かれた悪戯描きとも思えない見事な絵が、私の頭に浮かびました。来場者が自由に描けるコーナーも素敵で、そこで若者が何かを夢中で描いている姿が印象的でした。

（調理用ボール製のオブジェです）（子供のためのプレイルームです）

（トーベ・ヤンソンの作品です）

（光が効果的な作品です）

（来客用の自由描きコーナーです）　（写真に赤い糸の作品です）

（子供用の絵画学習部屋です）　（トイレのタイルのデザインも素敵です）

美術館併設のカフェ：ランチ、ゆったりとした現地人

　館内のカフェで、サンドイッチとアイスクリームとコーヒーを昼食としました。ひとりで新聞や本を読んでいる中高年が幾人もいて、そのゆったりとした様子が印象的でした。

国立現代美術館キアズマ：美しい建物、目新しい作品

　ここはアメリカ人建築家スティーヴン・ホールの代表作で、1998 年に完成開館し、現代美術が展示されています。他の美術館に比べると人の出入りが多いようでした。

　館内に入ったとたん、私はその白いスロープと天井の高い建物の美しさに驚きました。展示作品よりも建物の方がはるかに印象的でした。私は展示されて

いる現代的な作品には感動しなかったので、この美術館の人気が高い訳が分かりませんでした。私の感性が古いのかもしれませんが、それらの作品からは目新しさのみで、美を感じることはありませんでした。空き缶をたくさん集めて作った船や、電光の効果を活かしたデジタル作品、立体の小さな建物模型もあり、それらは、その目新しさゆえに、私の目を引きました。

ストックマン・デパート：北欧１番のデパート、素敵な家庭用品売り場

　ホテル周辺とヘルシンキ市内の地理が、私にもやっと地図なしでも分かるようになりました。ホテルからエスプラナーディ公園を抜けて、迷うことなく港のマーケット広場に出られました。そこの光景を楽しみながらショッピングもしました。ストックマンという北欧一番とされるデパートにも入りました。東京のデパートと規模や商品揃いは変わりません。店員が私を見ると、当日有効の日本語表記の 10％割引券を手渡しました。

　家庭用品売り場は素敵でした。地元デザイナー制作のカップやノートやクッションカバーが魅力的でした。フィンランド美術はこの国民の日常生活の大切な一部になっています。

マリメッコとイッタラ・アラビア：フィンランド発信のブランド

　公園近くの有名店が並ぶ商店街に、この国発信のマリメッコとイッタラ・アラビアの店がありました。どちらの店にも日本人が多く見かけられました。

マリメッコ本店では、日本人客に「こんにちは」と笑顔で挨拶されました。スタッフも日本人でした。旅行中、私は動きやすいイッセイ・ミヤケの服を着ることが多いです。その時も着ていました。彼女はそれに気づいたのか、イッセイ・ミヤケがイッタラとコラボして食器を販売していて、彼女もそれを愛用していることを私に伝えました。彼のデザインはこの国でも人気があるようです。サンフランシスコの商店街でも同様でした。彼は日本が誇るデザイナーなのでしょう。

　どちらの店でも、品揃いが多くて定価より安く売っていました。それらを訪れる客のほとんどが日本人とフィンランド人とのことでした。マリメッコとアラビアのデザインは伸びやかで楽しげなので、私もそれらが好きです。

公園付近のレストラン：美味しい夕食、ヴァイオリン弾き、車椅子の老女

　公園脇のレストランで夕食を取りました。海鮮サラダ、サーモンスープ、シュリンプ料理、クレーム・ブリュレとベリーのアイスクリームセットを美味しく食べました。窓の外の街路には、ヴァイオリン演奏する2人の女性と車椅子でタクシーに乗り込む老人女性が見えました。

朝のヘルシンキ中央駅：映画の撮影現場、日本人女性との出会い

　朝8：00頃にこの中央駅を見学しました。その後で付近のバスターミナルから古い町ポルヴォーに出かける予定でした。19世紀中葉に建てられた駅は外観も構内も美しく、構内では映画の撮影中でした。役者の服装や馬車の様子から、それは19世紀頃の映画に思われました。この時間帯は駅はラッシュ時であるはずでしたが、駅構内の一部を囲っての映画撮影でした。

　私がその光景の写真を撮っていると、若い日本人女性が、「この時間帯に日本では考えられませんね」と私に声をかけました。彼女は9月からこの国に留学予定とのことでした。以前、ベルリンで一人旅する元気な日本人女子大生に博

物館の場所を訊かれたことを思い出しました。若い日本人女性も頼もしくなったものだと思います。その映画の撮影シーンが面白いので、私が思わず声を上げると、現地スタッフが笑顔で口に指を当てて、「静かに」と言いました。

ボルヴォーまでのバス：中年女性の運転手、車窓からの景色

このバス乗り場は大きな商業施設の一角にありました。東京の新宿バスターミナル以上の規模に見えました。ポルヴォー行のバスが停まっていて、運転手は笑顔の中年女性でした。日本では、中年女性が運転する大型バスはあまり見かけません。彼女に写真を撮って良いかと訊くと、笑顔で"OK"の返事。私は慌てていたせいか、その撮影に失敗しました。私の後ろに並んでいる乗客を待たせるのが心苦しいので、再度の撮影は諦めました。

バスの車窓から見える景色も面白く、現地の女性から興味深い話も聞けて、車内での有意義な1時間でした。車窓から公用語のフィンランド語とスウェーデン語の交通標識が見えました。日本ではめったに見ないような大規模の図書館が建設中でした。教育熱心な国ならではのことだと思いました。新築のオペラハウスも見えました。それは日本人の設計で、音響効果が良いと評判のようでした。Hitachi と記された機械をたびたび見かけました。自動車は日本車をあまり見かけることはなく、ドイツ車がほとんどでした。調べると、今年度のこの国における自動車販売数はトヨタとＶＷがトップです。フィンランド人は車を買い替えることが少ないそうなので、古い自動車が多く私の目に入ったのでしょう。日本企業もフィンランドで活躍しているようでした。

ポルヴォー

ここは、14世紀にスウェーデンによって造られ、この国で2番目に古い町だそうです。

町中：美しくてのどかな景色

　この町では、古い石畳の通りも家も教会堂も実に美しくありました。広場にはカラスに似た鳥が遊んでいて、のどかな田舎の光景がありました。

（教会の表玄関と裏門です）

（教会の内部です）

（のどかで美しい静かな町中です）

レストラン：フィンランド伝統料理

　昼食に伝統料理を食べました。ジャガイモが添えられたミートボール、人参サラダ、黒パンで、ミートボールはスウェーデンのものと良く似ていました。

　晴れ空に黒い雷雲が出始めたので、急いでヘルシンキに戻ることにしました。この町では、この時期に黒い雲が出ると、雷が鳴ることが多いそうです。町並みと景色が美しくて、私はその写真を撮るのに夢中で、土産は買わずに終わってしまいました。

またヘルシンキ

オールド・マーケット・ホール：伝統料理、美味しいミントチョコレート

　ヘルシンキは良い天気でした。また港の広場に向かいました。人とカモメで賑わっていました。オールド・マーケット・ホールで夕飯を取ることにして、生きた人間かと見間違えるような人形が立つカフェに入りました。ミートパイ、伝統のガレリアパイ、サーモンスープ、名物のシナモンロールとカメの形のレモン・ドーナッツを食べました。美味しく食べましたが、ガレリアパイだけは美味しいかどうか分からない不思議な味でした。菓子店で量り売りの割れチョコの味見をしました。ミントチョコレートが美味しくて、賞味期限は6か月とのことで、重さがあるのに、それをたくさん買ってしまいました。

　夕飯の後で、また公園内の景色を眺めて、スーパーを覗いて、ホテルに戻りました。その店にもムーミングッズが並んでいました。ムーミンもこの国の誇

です。土産物店よりもスーパーの方が、品揃いが多くて安価でした。

宅急便の手配：オレンジ色の郵便局、DHL のアカウント

　朝、ホテルから宅急便を出したくて、その方法をスタッフに訊くと、「朝9時から開いている郵便局で、民間業者のさまざまなサイズの箱を売っているから、自分で適当なサイズのものを買ってくるように。荷造りした後に、こちらで送る手続きを取ります」と言われました。徒歩5分の所にある郵便局の場所を教えられ、私はそこで DHL 用の適当なサイズの段ボール箱を購入しました。オレンジ色の郵便局は楽しそうな場で、素敵な絵柄のカードも並んでいました。

　ホテルに戻って荷造りしました。私は、DHL の発送伝票の account 以外の欄を記入して、それを荷物と一緒にフロントに預けました。その日の内に荷物は発送されるはずでした。私の移動中にホテルから送られてきたメールで、自分の無知が分かりました。DHL のアカウントは法人以外は得られず、それがないとホテルからは荷を送れないそうでした。郵便局では、DHL は個人でも現金支払いの形で送れるようでした。次の朝に郵便局から送ることに決めました。

リンナンマキ遊園地の水族館：少ない観客、見やすい展示

　この遊園地は10月末から4月末まで閉園とのことで、夏場は賑わうようでした。11時頃に着くと、12：30開園とのことで、スタッフが「併設の水族館が開いている」と教えてくれました。水族館内は見やすくて、水槽の中は光を効果的に利用した美しい展示でした。見終わったのは13：00頃でした。

リンナンマキ遊園地：楽しいパーク、お化け屋敷、回転カップ、日本人家族

　この遊園地は、私と同じ 1950 年生まれの歴史ある施設で、入園料は無料でした。園内では、これまた無料の乗り物もあるようですが、有料の乗り物に乗る場合はそれぞれのチケット購入が必要でした。広い園内にある遊具はカラフルで、そこは楽しげな遊園地でした。

　ポップコーンとアイスクリームとレモネードをランチ代わりにして、園内を散策しました。古めかしい木造のお化け屋敷を見ると、怖い物見たさで、私はそこに入りたくなりました。チケット売り場のスタッフに、「怖いですか？」と馬鹿げた質問をすると、彼はニヤッと笑って、「人に依ります」と答えました。そのとおりです。

　真っ暗なお化け屋敷に入ると、車に乗せられて動き始めました。途中、幾人かのお化けが出てきましたが、西洋お化けは、絵画を見ているようで、少しも怖くありませんでした。私の頭には、幼い頃からの決まったお化けイメージが刷り込まれているからだと思います。美しい大きなポットとカップに目が引かれて、その回転カップに乗りました。その結構速い回転スピードに驚きました。美しい外観と激しい動きとのギャップが、私には面白く思われました。

　広い遊園地内で、幾組かの日本人家族に会いました。その中に、小さな子供と乳母車に乗せた赤ん坊連れで、しかも、大きなトランクを持った若い夫婦がいました。若い父親は、いらいらもせずに、2 人の子供と奥さんの世話をしながら、そのトランクの心配までしている様子でした。時代の流れとともに、日本の男性も変貌したのかもしれません。

テンペリアウキオ教会：岩の教会、中国人観光客、イスラム教徒の姿

　これは 50 年前に建てられたルター派の教会です。入口にチケット売り場もあり、教会と言うよりは近代的なコンサートホールのようでした。実際に、音楽会にも使用されているそうです。岩の壁、聖堂内のガラス越しの太陽光、蝋

燭の光、それらが魅力的でした。中国人の集団観光客が多く、また、大勢のイスラム教徒の観光客がスマホで記念写真を撮っていました。キリスト教のルター派の教会堂で見るイスラム教徒の姿は、私には興味深いものでした。

郵便局：現地人の見事な日本語、幾人もの親切な現地人

　これも慌て者の私のミスで、昨日、ホテル付近の郵便局は9時開業と聞いていたのに、この日の8時頃、私はそこに宅急便用の荷物をキャリアーに乗せて行きました。仕事に向かっている様子の道行く現地の女性が、驚いたことに、私に向かって、流暢な日本語で、「本局以外は9時開業です。本局は8時からなので、本局に行った方が良いです。本局まで徒歩で30分以上もかかるので、タクシーを拾って行くと良いです」と教えてくれました。彼女の親切も有難かったのですが、その現地人の綺麗な日本語には驚きました。彼女は出勤中で急いでいるようなので、私は、「有難うございます」とだけ日本語で答えました。

　本局に着くと、そこには客はいませんでした。女性か男性か分からないような髪型と服装のスタッフがいました。その人は女性のようでした。彼女は親切な人で、私が記入した用紙をパソコン入力で転記して、上手く手続してくれました。郵便局から本当にDHLで荷物が送れることは驚きでした。

　私が荷物を出し終えると、その親切なスタッフは、「駅にタクシー乗り場があるから」と教えてくれました。私がタクシーに乗ろうとすると、運転手が、「台車も載せるので、もう少し大きいサイズの方が良いから、あのホテルのフロン

トでタクシーを頼んだ方が早いです」と言いました。そのフロントで、私が「宿泊客ではないですが」と事情を話すと、そこのスタッフは笑顔でタクシーを呼んでくれました。私が宿泊先のホテルに着くなり、ホテルのフロントの女性は私の顔を見ると、笑顔で「宅急便は送れましたか？」と訊きました。宿泊客が多くいるのに、彼女の気遣いも有難かったです。このような異国での私のミスも、幾人もの現地人の有難さを感じる機会になります。

エスプラナーディ公園：この旅最後の散策、ロシア人のヴァイオリン演奏

　ホテルをチェックアウトした後、出発するまで3時間ほどあるので、この旅の最中にしばしば訪れたエスプラナーディ公園を歩きました。そこを歩いていると、美しくも哀しげなヴァイオリンの音色が聞こえて来ました。若い男性が路上演奏中でした。その音色は私の胸にしみ込んで来るようでした。演奏が終わった時に、彼に「フィンランド人ですか？」と尋ねると、少し間を置いて、彼は、「違います。私はロシア人です」と硬い表情で言いました。その間と彼の硬い表情が私には印象的でした。それはロシア人とフィンランド人の歴史的関係から来ているように思われました。

　オールド・マーケット・ホールのカフェで簡単なランチを取りました。また名物のシナモンロール、サンドイッチ、カメのパン、レモネードを美味しく食べました。

　　　（亀のパンです）　　　（亀のオブジェがたくさん置かれています）

(港のカモメです)

ヘルシンキの飛行場：また厚かましい中国人たち

　この空港では、飛行機の予約票とチケットを交換するのは自動機械で、預けるトランクに付ける荷札まで機械から出てきました。便利なシステムです。荷物預かり所にトランクを預け、手荷物検査を受けて、私はチェックインしました。出国検査をパスポート提示で終えて、成田行きのゲートに向かいました。

　ゲートで飛行機を待つ間に嫌なこともありました。また中国人でした。ゲートの近くに、握り寿司とラーメンをイートインとテイクアウトで販売している、中国人経営の賑わっている店がありました。そこの握り寿司が新鮮で美味しそうでした。私は、機内食がまた酷いだろうからと思って、握り寿司を買い求めようとして列に並びました。すると、中国人の男性が、「ここが列の最後か？」と訊いてきたので、返事をすると、彼は全く表情も変えずに、私の前に割り込みました。搭乗まで時間があるので、私は黙って我慢しました。

　私の番が来ました。注文しようとすると、今度は、また中国人の女性が私を押しのけて、大きな声で先に注文してしまいました。中国人の店員は、それに対して何も言いませんでした。私がのろまなのかもしれませんが、日本ではありえないことです。私は抗議をするのも馬鹿らしいので、黙って2人順を越さ

れて注文しました。その価格にも驚きました。マグロと鮭の小さな握り寿司 6 個パックで、日本円に換算すると 2000 円を超えていました。でも、予想通り、食べてみると魚が美味しかったです。

　出発ゲートの前には、ヘルシンキ市立美術館の説明書きと大きな絵が 2 点飾られていました。その美術館もヘルシンキの誇りなのでしょう。

（搭乗ゲートでは HAM ヘルシンキ美術館の展示です）

成田空港：日本を伝えるポスター

　私を乗せた飛行機は、定刻通りにヘルシンキ空港を発ち、予定よりも 30 分早く成田空港に着きました。成田空港に着いて、私は改めて構内に張られているポスターを眺めました。日本のイメージ作りです。私の目に入ったポスターは、金沢の金箔作りや伝統の漆器作りを伝えていました。私はそれを見ながら、「日本という国は？その国らしさとは？」と改めて考えました。それ以外にも日本らしさを伝えようとする多くの掲示がありました。それらの掲示物を誰が作り、誰が展示することを決めるのか、と興味が湧きました。そして、ヘルシンキの空港に着いた時に見た木と紙の展示、そこを発つ時に見たヘルシンキ市立美術館の展示広告を思い出しました。

日本画 F20 号『仲良し』著者作

油絵 F 8 号『僕を見て』著者作

ベルギー王国

ブリュッセル、アントワープ、ブルージュ

（2018 年 12 月〜2019 年 1 月）

　このベルギー王国訪問は 10 日間に満たない短いものでした。首都ブリュッセル、北部オランダ国境近くのアントワープ、北西部フランドルの「水の都」ブルージュの 3 都市を巡る慌ただしい旅でした。

ベルギー王国

　この国は日本の 12 分の 1 の面積を持ち、人口密度は日本とあまり違いません。多民族国家で、オランダ語を話すフランデレン人が約 60%、フランス語を話すワロン人が約 30%、その他混血などが約 10%とされ、また、首都ブリュッセルには中東系を中心とした移民が多いようです。私には驚きでしたが、ベルギー語は存在せず、公用語はオランダ語(北部)、フランス語（南部）、ドイツ語とのことです。宗教は、国民の過半数を超える人々がローマ・カトリックを信仰しており、プロテスタントは国民の約 4 分の 1 で、イスラム教、ユダヤ教を信仰する人も若干いるそうです。

　ベルギーの歴史は 1830 年の独立以前ずいぶん古いようです。ネーデルラントを起源として統一、神聖ローマに統合、16 世紀後半〜17 世紀後半に南北に分離、後者が現在のベルギーとルクセンブルクです。18 世紀末にフランス領に、19 世紀初頭にネーデルラント連合王国が成立し、19 世紀中葉に再び分裂、現代のベルギー、オランダ、ルクセンブルク 3 か国が成立したそうです。　また、この国は、中世から盛んな紡績業によって、産業革命が始まる最初の国の 1 つとなり、19 世紀には実業家と労働者との政治分裂が生じたとされます。20 世紀初頭〜中葉はドイツの占領期でした。現在は北大西洋条約機構の本部があります。

次に、私が感じた「ベルギーらしさ」を記します。

混在する異なる人種と言語

　この国の印象的な標語「団結は力なり」が示すように、この国には異なる人種と異なる言語が混在しています。日本には世界に向ける国の標語はありません。日本の 12 分の 1 の面積を持つ狭い国に、「人種のるつぼ」と呼ばれる肌の色がさまざまな民族が暮らす国です。実際に私が言葉を交わした地元の人々は、元々のベルギー人（背が高く色白で栗毛かブロンド）、スリランカ人（3 代前の移民）、イタリア人（3 代前の移民）、モンゴル人、台湾人（中国人ではないと強調）、ギリシャ人、日本人（20 年前に仕事で移住）です。そして、現在の在ベルギー日本人は約 6000 人とのことです。

　この国では、異なる言語分布と地理的環境によって生じる経済面と政治面での争いが歴史的に絶えないとされています。ほとんど全ての国民が共通言語の英語を話すということが、その救いの 1 つに思われました。

猫好きな人々

　中世においては、英国からウールを輸入する織物業が盛んな国で、織物を傷めるネズミ除けに、どの家でも猫を飼っていたようです。しかし、14 世紀のペスト流行の際には、猫は「魔女の使い」とされ、高い塔から投げ殺しされたそうです。現代になって、その罪深さとネズミ除けの実利からか、猫は大切にされているそうです。私が訪れたほとんどの店に猫グッズが飾られていました。首都ブリュッセル近くのイーペルでは、3 年に 1 度、猫祭りが開催されているそうです。猫好きの私はそのお祭りを見たいものです。

高度な福祉制度の下で自立に向かう女性

　この国の勤労者が所得税 40% を納めることによって、高度な福祉が施されて

います。教育費は 25 歳まで無料（大学では落第 2 回までで強制退学）で、子供 3 人をもうけた父母は、生涯、交通費の半額が国から支給され、全国民の介護は公的なもので、ベルギー国籍があれば老後の生活不安はないとのことです。男女の給与差もないようです。

　このような福祉内容に加えて、女性は結婚後も旧姓を名乗り続け、離婚請求は片方側からでも簡単に認められ、離婚時の親権は男女共通して得られるとのことで、男性の経済力に頼って離婚を躊躇う女性は皆無に近いとのことです。カトリック信者が多い国で、離婚率世界 1 位で、その割合が 70% というのは驚きでした。(参考までに、日本は 35% です)

ビールと菓子の好きな人々

　「ベルギーはビールとチョコレート」に象徴されるように、いたる所でビールと菓子でした。レストランやカフェに入ると、さまざまな色のビールを飲みながら生クリーム、チョコレートソース、アイスクリーム、フルーツがたっぷり乗った大きなワッフルやクレープを食べる人が多く見られました。それにもかかわらず、2017 年の統計では、糖尿病有病率が世界で 171 位というのは驚きです。（日本は 146 位です）高血圧有病率も高くないそうです。チョコレートの原料のカカオの良質成分と、高度福祉によって老後の生活不安やそれに伴うストレスが少ないことが、その良き原因なのでしょうか。

カトリック信仰

　カトリック教会堂と教会内の宗教画や彫像、そして、教会付近の広場と建築物が素晴らしかったです。聖堂内部は美術館のようでした。ユーロ・バロメータ 2012 年の調査によると、「ベルギー人の約 58% がカトリック教徒、それ以外のクリスチャンは 7%、ムスリムは 5%、無宗教が 27%」のようです。しかし、首都を中心に急速な世俗化が進行していて、ブリュッセルでは、1960 年代に約 80%

の子供が洗礼を受けていましたが、今世紀初頭には25%以下にまで低下したそうです。それでも、カトリック信者数は多いので、神とマリアとイエスに祈る多くの人を見ました。言葉の壁や経済格差によって生じる軋轢を和らげる力が、この国の誰もが話す英語に加えて、この信仰にあるのかもしれません。

成田からブリュッセルの機内：好きな航空会社の親切なスタッフ

　往路復路ともに、私の好きな航空会社の飛行機でした。片道約12時間の旅でした。スタッフも気配り豊かでした。食事も良かったと思います。

　成田空港のチェックイン・カウンターでは、退職後の再就職の人かと思われる笑顔の男性が、「出発ゲートまで遠いので、早めに手荷物検査を受けるように」と言い、トランクのベルトの留め位置を確認してくれました。手荷物検査に向かう途中でも、同じ航空会社の男性が、「何便ですか？気をつけて」と声をかけてくれました。

　搭乗後の機内では、スターウォーズ模様のエプロン姿の女性搭乗員に、私が「素敵なエプロン！」と言うと、彼女は笑顔で答えてくれました。紙ナプキンもプラスチック製の搭乗証明書も同じデザインで、これも旅の記念になりました。お洒落なサービスです。機内食はオムレツとヨーグルトとリンゴが美味しく、それらは素材の良さを感じさせました。窓から見えた雲の上の闇中の真っ赤な太陽と、それがしだいに白色に変化して行く光景が、何とも神秘的でした。

ブリュッセル空港：ひっそりとした構内

　午後3時頃に、ブリュッセル空港に着きました。天気は晴れで、その日の最高気温は10℃でした。空港内はひっそりとしていました。同じ時期のヨーロッパ諸国の旅の中では、人の数が一番少なくて静かでした。クリスマス休暇中のためか、人口が少ないためか、不思議な感じがしました。入国審査には時間がかからずに、笑顔のスタッフがパスポートに勢い良く捺印しただけでした。ト

ランクは素早く手元に戻りました。

ブリュッセル郊外：美しい空と建物

タクシー乗り場はすぐに見つかり、ホテルに向かいました。途中の冬空には、飛行機雲が美しく伸びていました。工場地帯も通りましたが、日本の企業ソニーがありました。市街地に近づくと、美しい古めかしい建築物が見られました。

滞在したホテル付近：絵本の中のような景色

ホテルのあるブリュッセル中心部、グラン・プラス地区のセントラル駅近くに至ると、石畳の細い道は車の列でした。小型車ばかりでした。郊外とは異なり、そこには地元の人と観光客が多く見られました。タクシーの運転手は親切で正直でした。街の中心部に入ると、彼は、「混んでいるからメーターを止めます。しばらくすれば車も動き出します。ホテルの前まで走れますから安心して下さい」と、流暢な英語で言いました。

午後3時半頃にホテルの部屋に入ると、眼下には素敵な広場が見えました。その美しいメルヘンの世界を思わせる光景に引かれて、私は、休憩する間もなく街中に出ました。外気の寒さは東京とほとんど変わりませんでした。

Sainte-Marie-Madeleine（マドレーヌ教会）： 静かな聖堂内、物乞いの姿

ここは13世紀築の1950年代に再建されたカトリック教会です。聖堂内で

は、2、3人の信者が祈っていて、その祈りの声が清らかに響いていました。ステンドグラスと聖母像が美しい心静まる場でした。私も祈る気分になりました。

　それとは対照的に、教会入口には、紙コップを手に"Give me money!"と言う憐れな物乞いの姿がありました。彼女は幼子を抱いて、毛布に包まっていました。地元の人が言うには、物乞いはベルギー国籍を持たない流民とのことで、彼らに「物乞いには気をつけるように。スリが多いから」と、私は強く注意されていました。その物乞いの姿と言葉は、私の心に痛いものでした。他の場所でも、幼子や犬を連れて紙コップを手にする人々を見ました。地元の人たちは物乞いを追い返さないそうです。彼らのせめてもの優しさなのでしょう。

ベルギー料理店：夕食、伝統ワッフル

　午後4時半頃から外は暗くなりました。ベルギー料理店で、牛肉のステーキとサラダと大盛りフライドポテト、そして、伝統のワッフルも食べました。外カリカリで内しっとりのワッフルには、チョコレートソースとバニラ・アイスが添えられていました。その店は満席でした。店内には、栗毛で背の高い現地人がほとんどのようでした。彼らは輝くビールを友に、大食漢のようでした。

（伝統のワッフルです）　　　　　（名物のフライドポテトの人形です）

160

ギャルリー・サン・チュベール：ヨーロッパ最古の美しいアーケード

　ここは、1847年完成の、ヨーロッパ最古のアーケードの一つです。照明が見事で、そこにも高いデザイン性を感じました。菓子店が多く、菓子箱のデザインも素敵でした。土産物屋の主人は私のカメラを見ると、「自分も日本製カメラを使用しています。カメラの先生も同じです」と笑顔でした。最近はスマホの普及でカメラ業界は苦戦しているようですが、カメラ技術も日本の誇りです。

深夜のホテル付近：楽しいサンタのマラソン大会

　ホテルの外から賑やかな声が響きました。窓の外の眼下には深夜のサンタ・マラソンでした。サンタの衣装の大勢の人たちの楽しげな光景でした。

朝のエレベーター：国籍紹介

　朝起きると、外は真っ暗で、頭上には白い月がありました。午前9時頃まで

暗いままでした。朝食は、ゆで卵、さまざまな種類のハム、ヨーグルト、フルーツ、パンで、特にチョコレートパンが美味しかったです。食事の後、エレベーターに乗ると、そこにいた笑顔のカップルと挨拶し合いました。彼らは私に、「どこから来ましたか？」と問いました。その人たちはベネズエラとコロンビアの出身でした。そこではお互いの国籍紹介でした。

グラン・プラス：世界で最も美しい広場

　ここは、ヴィクトール・ユーゴーが「世界で最も美しい広場」と称した、ギルドハウスに囲まれた約 110m×70m の広場です。周囲には、17 世紀には木造で、その後ギルドが集会所として再建して石造りとなった建築物が並びます。ここには、巨大クリスマスツリーと、イエス誕生の小屋と人形が飾られていました。

ビール博物館：子供もいるビアホール

　私はアルコール類、ビールも飲めないのに、その広場にあるビール博物館に入りました。古い壁と窓が素敵でした。そこはビアホールとなっていて、多くの人がビールを楽しんでいました。驚いたことに、小さな子連れの人たちも見られました。将来、その子等もビール好きになることでしょう。

セルクラースの像付近：可愛い馬、毛皮の人たち

　広場近くで、「触ると幸運に恵まれる」と言われるセルクラースの像を触りました。人々に触られ続けているせいか、その像は艶々していました。付近にいた観光用の馬車の馬が可愛らしかったので、私が近づくと、馬が顔を寄せてきました。私も馬に顔を寄せました。動物は言葉や文化の壁がないので、彼らとは万国共通にコミュニケーションが取れます。すると、御者の女性が、いきなり"No"と強く言いました。私はその強い"No"　という語に気落ちしました。

　また、ここでは毛皮を纏った中年男女を幾人も見かけました。観光客ではな

いような人々でした。この国では、昨年、毛皮農場が全面的に閉鎖されたというのに、キリスト教のカトリック教徒が多い街で、その光景は不思議な感じがしました。しかし、ローマ法王も毛皮を纏って、イタリアの動物保護団体に抗議されたという、かつての報道も思い出しました。

ベルギー名物店：ハンバーガー

　昼食にベルギー名物のハンバーガーを食べました。北欧とドイツから伝わったという食べ応えのある分厚いハンバーガーが美味しかったです。

Cathedrale St.Michel(サン・ミッシェル大聖堂)：王家の結婚式場

　ここは13世紀〜15世紀に建築され、代々の王家の結婚式場となった大聖堂です。各国のクリスマスの設えが並び、日本の作品もありました。日本の展示は平面的な塗り絵のようで、魅力的ではありませんでした。日本語のミサを知らせるポスターには驚きました。国内に約6000の日本人がいて、その5000人近くがこの市在住とのことでした。この聖堂にも子連れの物乞いがいました。

（昔の日本のお城と着物姿の展示です）

163

グラン・プラス：ライトアップ、素敵な中国人カップル

　夜になると、この広場の建物がさまざまな色の光に染まりました。ここで、私は品の良い中国人カップルに会いました。彼らは、遠慮がちに、私に「写真を撮ってくれますか？」と、綺麗な英語で言いました。私が彼らの写真を撮り終えると、彼らは私に "Are you Japanese?" と訊きました。私がそれに答えると、彼らは "We are Chinese." と笑顔で言いながら、お礼を言って静かに去りました。中国の人口は莫大なので、さまざまな人が存在するのでしょう。感じの良い人たちでした。

ベルギー料理店：大きなワッフル

　ベルギー料理店で、夕食はイチゴのベルギー・ワッフルとコーヒーで済ませました。直径 20 cm位の大きなワッフルでしたが、食後はすっきりとした感じでした。コーヒーと一緒で 11 ユーロ（約 1400 円）でした。

ブリュッセル中央駅：現地人との会話

　国立美術館見学の日でした。ヴェネツィアの美術館巡りでのガイドの説明が良かったので、今回も美術館ガイドを予約してありました。その人との待ち合わせのために、ブリュッセル中央駅改札前のスターバックスに行きました。

私が店の外の椅子に座っていると、隣の席で読書中の老人に声をかけられました。綺麗な英語で"Are you Japanese?"と問われ、私がそれに答えると、「日本のどこから来ましたか？」と続きました。「東京です」と答えると、彼は「東京は美しい大きな都市ですね」と言いました。私が「貴方はどのくらいベルギーにいますか？」と問いかけると、「生まれも育ちもブリュッセルです」とのことでした。また、私が「ブリュッセルはとても美しい街ですね」と言うと、彼は「美しいけれども騒がしいです」と笑顔で答えました。

王立美術館：大規模な美術館

　ここは、かつてフランス革命軍がブリュッセル占領中、パリ中央美術館（現ルーブル）の分院として設立され、現在の建物は19世紀末完成の古典様式宮殿とのことです。古典美術館、世紀末美術館、マグリット美術館、現代美術館に分かれています。私は古典美術館と世紀末美術館の展示だけを観ました。

古典美術館：絵の象徴性

　15世紀のフランドル絵画の中で、『メロードの祭壇画』受胎告知という絵が面白かったです。多角度から描かれています。ガイドはそれを「現代のキュービズムのようです」と説明しました。その絵のテーブルの角の数や色が象徴性を持っていることも知らされました。それは興味深い指摘でしたが、絵を理性で読み解くことで美を享受できないようにも思います。ディルク・バルツという画家の絵も面白かったです。左から時が流れてストーリー性があります。フランドル絵画のどの絵も、リアルな表現が巧みで、特に、布の表現が良かったです。ガイドに言わせると、「当時は繊維業が盛んだったから」とのことでした。

　16世紀の画家ブリューゲル親子の『ベツレヘムの戸籍調査』も、色と構図とモチーフが良かったです。これまで、私は、その絵はのどかな冬景色の田舎を描いた作品かと思っていましたが、ガイドの話によると、当時の体制とスペイ

ンに対する反発精神を描いているとのことでした。雪の広場で元気に遊ぶ子ら
は、家には温かい暖炉がないので寒さを我慢するために外で遊んでいるとのこ
と、切られる動物の首から血が出ていないのは、血も出ない貧しさの象徴との
ことでした。その説明に、絵を描く行為は知的な活動でもあると改めて知らさ
れました。私はあまり頭で考えずに感じるがままに絵を描く傾向が強いので、
そのような知的な創作活動はできそうもないように思われました。17 世紀の画
家ルーベンスの絵も美しく、庶民が王様ごっこをしているというヤコブのユー
モラスな絵も良かったです。

（『メロードの祭壇画』受胎告知です）（大ブリューゲルの『ベツレヘムの戸籍
調査』です）

美術館のカフェ：ランチ、大食漢の現地人

　美術館のカフェで、昼食に、チョコレートのマフィン、トマトとモッツアレ
ラチーズ・サラダを食べ、ジュースとコーヒーを飲みました。付近には、ひと
りで食事をする男女が幾人もいました。皆、大食漢のようでした。

世紀末美術館：2 人の画家

　昼食を済ませてから世紀末の絵画を観ました。ベルギーの画家ジェームズ・
アンソールの絵が印象的でした。フランスの画家エドゥアール・ヴュイヤール
の『2 人の小学生』の縦長構図も興味深いものでした。

（アンソールの『奇妙な仮面』）（ヴュイヤールの『2人の小学生』）

特別展示室：ベルリン資料展

　ここでは『Berlin 1912-1932』というベルリン資料展が開催されていました。

美術館内のエレベーター：立派な設備

　現代絵画シュール・レアリズムのマグリット美術館は飛ばしました。絵画活動を始めたばかりの私には、シュール・リアリズムは理解不可能に思われるからです。館内のエレベーターの大きさと豪華さには驚きました。これほどのものは見たことがありません。そのドアが開くと、10席ものゆったりとした立派な椅子が設置されていました。ベルギーは美術鑑賞活動が活発な国で、高度福祉国家なので、身体の不自由な人々の美術鑑賞への配慮も豊かなのでしょう。

Mont des Arts(芸術の丘)：見晴らしの良い庭園

　これは王立美術館の東側にある庭園で、ホテルに戻る途中にありました。見晴しの良い美しい庭園でした。近くの商店街にはヤマハ楽器店がありました。これも日本の誇りなのでしょう。

Moof Museum of Original Figures（ムーフ美術館）：この国のコミックの世界

　ここはコミックキャラクターや原画の展示館です。この国の"Tintin"『タン

167

タン』は世界的に有名です。この国にはコミック好きな人が多いとのことで、同じくコミック好きの多い日本に親近感を覚える若者が増えているそうです。動きのあるコミックキャラクターと原画が面白かったです。生き物の特徴を良くとらえていて、楽しげにそれを表現できていると、私は感心しました。

（『タンタン』です）

ベルギー料理店：美味しい夕食

　グラン・プラスで時間を空けて繰り返されるライトアップの合間に、ベルギー料理店で夕食を取りました。海鮮サラダ、ハンバーグ、チョコレートムースでした。私には量が多過ぎましたが、素材の良さが感じられました。

グラン・プラス：美しいライトアップ

　ここは幾度見ても飽きることはありませんでした。クリスマスツリーのイルミネーションと古い建築物のライトアップが美しかったです。

ブリュッセル中央駅：分かり難い英語表示、日本人との出会い

　急にアントワープに行きたくなりました。その街は、私には『フランダースの犬』で馴染みのある所です。その作品の著者は英国のウィーダで、「悲し過ぎるがゆえに」この国では日本ほど人気がないそうです。主人公ネロの故郷はアントワープ隣接の村で、その最後の場がアントワープのノートルダム大聖堂です。また、その街は画家ルーベンスの故郷です。

　特急電車で中央駅から北へ約 50 分でアントワープに着きます。中央駅でアントワープまでのチケットを買うと、案内専門のスタッフが親切にホームを教えてくれました。ホームに行くと、電光掲示板にはフランス語、オランダ語、英語の掲示がありましたが、英語の掲示が裏側に小さく記されていたので分かり難かったです。ホームで出会った私と同世代の日本人男性も、「分かり難い掲示ですね」と、私に声を掛けてきました。彼はひとり旅とのことでした。

アントワープ

アントワープ旧市街地：イッセイ・ミヤケの店

　アントワープ駅は 1895 年から 10 年間かけて建てられたそうです。古くて立派でした。駅から旧市街地に向かいました。フルン広場には大きなスケート・リンクがありましたが、朝早かったためか、人の姿が見られませんでした。近くのサッカー観戦バーに入ってコーヒーを飲みました。2 人の男性が子供のように夢中でゲームをしていました。

　旧市街地の商店街を歩いていると、ある店頭のマネキンが見慣れた赤いバックを持っているのに気が付きました。イッセイ・ミヤケの店でした。そのマネキンは日本国内で販売されているのと同じ物を身に着けていました。アメリカのサンフランシスコでもイッセイ・ミヤケの店が目抜き通りにあり、繁盛しているようでした。彼のデザインのファンである私は嬉しくなりました。マクド

ナルドとヒルトンホテルも見えました。どちらも海外でよく見かけます。

（古くて立派な駅です）

（旧市街地です）

ノートルダム大聖堂（聖母大聖堂）：まるで美術館

　これは 14 世紀に約 170 年かけて建築され、この国最大のゴシック教会です。『フランダースの犬』の最後の舞台でもあります。入口には、観光客用、特に日本人向けに、『フランダースの犬』のネロとパトラッシュ像がありましたが、その教会堂とは不釣り合いな像に思われました。

　この聖堂内はまるで美術館でした。この街出身のルーベンスの大きな絵もありました。『キリスト降架』と『キリスト昇架』は迫力がありました。その『キリスト降架』の絵の前で、『フランダースの犬』のネロとパトラッシュが亡くなったことになっています。写真を撮った後で気が付いたことですが、この絵の前で、少年が父親らしき人の肩に顔を埋めて泣いていました。強く心に響くものがある絵です。しばしば経験することですが、写真を撮ってから、その写真に何かを知らされることがあります。

　この街はドイツに 2 度占領されてヒトラー政権の占領下であったのに、なぜ、その教会も美術作品も無事だったのかと、私は不思議に思いました。調べると、ヒットラーとカトリック教会は、反共、反ユダヤという思想から、当時は協調関係にあったそうです。それゆえに助かったのかもしれません。

　また、聖堂内のマリア像の 1 つには、「神戸大震災時、アントワープ市民が六甲カトリック教会にそのレプリカを送り、被災地の人々を励ました」と記さ

170

れていました。有難い話です。

（私には異様に見えるネロとパトラッシュ像です）

（現代作家の個展も開催中です）

街中のカフェ：チーズサンド

　街中のカフェで、昼食にチーズサンドを食べました。チーズの味が良かったです。昼食を取ってからルーベンスの家に行こうと思いましたが、少し疲れを感じたので、街中をぶらぶらして、タクシーでアントワープの駅に戻りました。

駅までのタクシー：陽気なモンゴル人の運転手

　タクシーの運転手は陽気な人でした。彼はモンゴル人で、日本で活躍しているモンゴル人力士の名前を連発していました。また、彼は「かつてはジャーナ

リストで、今はタクシー運転手だ」と、自嘲気味に笑いながら言いました。職業に貴賤はありませんし、さまざまな人生があります。日本人好きとのことで、日本人の私には笑顔で親切でした。

再びブリュッセル

ホテル付近：クリスマスカラーのマルシェ

　ブリュッセルのホテルに戻ると、近くの小さな広場にはクリスマスカラーの赤と緑色のテントが出ていました。テント内の様々な店では、店主が手仕事の作品を売っていました。動物顔の木製彫刻がボールペンの頭についているものが素敵だったので、店主に尋ねると、「自分と兄が作った」とのことでした。

(クリスマスカラーのマルシェです)

ギャルリー・サン・チュベール：多くのチョコレート店

　またギャルリーを散歩しました。その日もイルミネーションとライトアップが美しかったです。幾度見ても飽きない古い商店街です。菓子店、チョコレート店が多い中で、商品が日本には輸入されていないという店がありました。Maryというチョコレート専門店です。日本人の店員がいました。日本人客が多いのでしょう。現地人が言うには、どの店のチョコレートも美味しいとのこと。私には、どの店でも、お菓子の箱とパッケージが美しく思われました。

ベルギー料理店：夕食、コメディアンのようなスタッフ

夕食は創業 90 年のベルギー料理店で取りました。ホタテの温スープ、コロッケとジャム付ステーキで、デザートは洋梨のチョコレートソースとホイップクリームが乗ったアイスクリームでした。

その店のスタッフが面白い人でした。彼は、私の顔を見るなり、おどけた仕草で、英語で冗談を言い続け、私を笑わせていました。2 人の警官が店に入って来ると、彼は、「あの 2 人は自分の秘密のボディガードで、いつも見守ってくれている」と冗談めいて言いました。自分から、「写真を撮ってくれ」と要求して、髪の毛を盛んに整えていました。ベルギー人らしい外見でしたが、イタリア人思わせるような陽気な人でした。国籍を問うと、「ここ育ちのベルギー人」とのことでした。アルコールでも入っているのかとも思いましたが、彼が話している時にアルコールの匂いは全くしませんでした。不思議な人でした。

朝のテレビ番組：菓子作り

朝 7 時頃に、テレビでは菓子作りの番組が流れていました。どこに行っても多くの菓子店が見られるという国です。カフェやレストランでは、多くの人がビールを前にして、大きなワッフルやクレープを食べていました。

ブルージュ

9 世紀に建てられた城塞がこの街の起源とされ、12 世紀に運河が作られ、街中に水路が張られ、船による交易に便利な港が作られたそうです。ここは北海に出る玄関口となり、イギリスや北欧と内陸を結ぶ交易、金融・貿易の一大拠点として繁栄し、資本主義社会の最初の拠点であるとされているそうです。15 世紀以降には、大型船舶が航行できないゆえに衰退し、19 世紀に運河が再生されて、「美しい中世の面影を残す水の都」として再び愛されるようになったよ

うです。第一次世界大戦ではイギリス軍の攻撃目標となったそうですが、直接攻撃されることはなかったとのことです。良かったです。

ブルージュ旧市街：中世の姿

　ブリュッセルから特急電車約1時間でブルージュに着きました。駅から旧市街まで、タクシーで基本料金7ユーロ、10分ほどでした。タクシー代金も、食事代と同じように、日本のそれらと変わりません。ここに着くと、中世の姿を留めるという運河と古い建物、そして、多くの人の群れが見えました。ここでは、私は3つの美術館と大聖堂を訪ねました。

メムリンク美術館：旧施療院の美術館

　これは、12世紀築の聖ヨハネ施療院の建物の一部を利用したという美術館で、15世紀にブルージュで活躍したドイツ出身のハンス・メムリンクの作品や、当時の施療院の資料を展示しています。建物もメムリンクの絵もかつての施療院も、どれも素敵でした。また、この美術館の裏には17世紀のままの薬局がありました。そこには当時使われていた古い薬瓶や秤が美しくありました。

ピカソ美術館：細長く続く展示室

　ここも聖ヨハネ施療院の一部で、300点のピカソ作品が収納され、幾部屋にも続きます。館内からの見晴らしも素晴らしかったです。そこに展示されていたピカソのモノクロと白一色の絵も好きです。

救世主大聖堂：美術館のような聖堂内

これは 12 世紀〜13 世紀築で、この街最古のゴシック様式の教会です。聖堂内は立派な美術館のようでした。

ベルギー料理店：ミートスパゲッティ

街中のベルギー料理店でミートスパゲッティを食べました。驚いたことに、麺は日本の素麺にそっくりでした。ソースは挽肉が食べ応えあり美味しかったです。ランチを取ってから美しい運河沿いを散策しました。

グルーニング美術館：ベルギー絵画

この美術館には、15 世紀初期のフランドル絵画、16 世紀ブルージュのルネッサンス作品、加えて、近代ベルギー絵画が展示されています。

運河沿いの街並み：美しい光景

　美術館付近を運河沿いに散策しました。古い建物がある美しい街並みでした。

フィッシュ・マーケット：親切な店主

　カフェでイチゴとチョコレートのワッフルを食べました。その後、魚市場に行きました。その市場には手芸品を売る店が多く出ていました。手作りアクセサリーの店を覗くと、個性的で安価な作品が並んでいました。優しそうな顔の店主にブルージュ駅に戻るタクシーを呼んでもらいました。タクシーは自動音声の受け答えだったとのことで、彼は心配して、「30分してタクシーが来なければ、また電話をしますので」と言いました。彼に迷惑をかけそうなので、私がタクシー以外の方法を尋ねると、駅へは徒歩30分くらいとのこと。彼にお礼を言って、街の人に道を訊きながら駅に向かって歩き始めました。遠回りしてしまったせいか、駅まで30分のはずが、約1時間かかってしまいました。それでも、歩きながら付近の美しい景色を楽しむことができたので、それは良い散策でした。

またブリュッセル

ブリュッセル北駅：親切な現地人

　電車内のアナウンスと電光板に気をつけていたはずなのに、私は降りるべき中央駅の1つ手前で降りてしまいました。その駅を出ると、目の前には高層ビル街でした。道行く街の人に訊くと、「ブリュッセル北駅」とのことでした。彼は真剣な顔で、「スリが多いから気をつけるように」と忠告してくれました。治安の悪い街とのことでした。駅構内に戻ると、すでに帰宅準備中の駅員が、ブリュッセル中央駅に向かう電車の出発時刻とホームを教えてくれました。治安の悪い街だそうですが、ここでも親切な人たちに出会えました。

ブリュッセル中央駅：また不思議な偶然

　ブリュッセル中央駅に着き、駅構内を歩いていると、また不思議な偶然を体験しました。以前の旅行中にストックホルム駅付近で起こった偶然と良く似ていました。

　時間帯もあってか、駅構内は多くの人で混雑していました。その群衆の中に、王立美術館で一緒だったガイドの姿が見られました。お互いに気が付き、笑顔で挨拶し合いました。彼女に観るように勧められていた美術館に行って来た直後のことでした。そのことを彼女に伝えると、彼女は喜んでいました。彼女は、私が滞在しているホテルの場所も良く知っていて、駅構内からの近道を知らせてくれました。私は彼女の親切に感謝しながら、「異国で1人頑張って生きている」と言っていた彼女のこれからを祈って別れました。

またギャルリー・サン・チュベール：映画のポスター、夕食

　ギャルリーの映画館前で、あるポスターに私の目が留まりました。日本映画の『Shop Lifters 万引き家族』でした。亡くなった樹木希林さんが演じた映画

179

です。天国の彼女も笑顔でいるように思いました。映画製作も日本の誇りです。

　創業90年というベルギー料理店にまた入りました。満員の様子でしたが、な
んとか席が得られることができました。冷前菜はパテ、メイン料理はタラのク
リーム煮のジャガイモと玉葱の酢漬け添えでした。この日の料理は少し味が濃
過ぎるような気がしました。

ベルギー・クロネコ：親切で便利なサービス

　チョコレートを含む荷物が重くなったので、数日前、ホテルのフロントで海
外向けの宅急便サービスを訊くと、郵便局を指示されました。郵便局はホテル
から遠そうなので、私はネットで調べました。クロネコサービスがありました。
クロネコに電話をすると、現地人スタッフから日本人スタッフに替わっての受
け答えでした。彼が言うには、「ホテルの部屋まで段ボールと必要用紙を持って
行くので、荷物を入れれば手続き完了です」とのことで、約束の日時を決めま
した。約束の時までに、クロネコから幾通もメールでお知らせと注意事項が入
りました。丁寧なサービスでした。

　その約束の日でした。クロネコからメールが入り、スタッフがホテルに向か
っているとのことでした。現地採用という日本人スタッフが、私の部屋まで来
て荷物作りし、私が書いた書類を確認しました。宅急便代金は日本での着払い
とのことでした。便利なシステムです。料金も高くはありませんでした。

ホテル付近：古いレース店と店番猫

　商店街に古めかしい伝統のレース店がありました。そのウィンドウから見え
る大きな操り人形と店番する猫の姿に引かれるように、私はその素敵な店内に
入りました。時代物の大きな人形は自動操りで、しっかりと動いていました。
店主が飼うシャルトリュー種の猫が、私を出迎えてくれました。猫はベルギ
ーを象徴する動物です。その猫は、私が飼っているロシアン・ブルー種のウィ

ン君に毛の色も姿も良く似ていました。良く似てはいましたが、面長でブルーの目をしたウィン君の方が、どう見てもハンサムでした。私は「飼い主馬鹿」かもしれません。その店番猫も可愛らしかったですが。

　その丸顔猫は6歳とのことで、私が「ウィン君は16歳」と言うと、店主は目を丸くして驚いていました。私がその猫に「ミャーヲ」と言うと、その猫も「ミャーヲ」と、私に顔を寄せて返事をしました。可愛いです。猫語の挨拶も万国共通のようです。他の客が店に入って来るやいなや、その猫は素早く姿を消してしまいました。（その店の窓映りが印象に残っていたので、それを日本画に描きました）

クリスマス・マーケット：フランス趣向

　この野外マーケットのアロマ店主のカップルは愛想の良い人たちでした。彼らは喜んで写真を撮らせてくれました。店に貼られていた宣伝の"100% Francais"も印象的でした。この旅の最中に、街中では、フランス製商品であることを知らせる宣伝をしばしば見かけました。薬局の店頭に並べられていた石鹸もそうでした。ベルギー製品よりもフランス製品の方が好まれるのでしょうか。日本では、「日本製」は商品の信頼と誇りとして通っていますが。また、ベルギー人の話すフランス語は訛りがあるということで、彼らは、フランス人の話すフランス語に対してある種の引け目を感じているそうです。

　街路では、肌の色が異なる家族らしき集団が仲良く歩く光景をよく見かけま

した。養子を迎えた家族か、国際結婚の家族かもしれません。肌の色の異なる仲良し集団も見かけられました。ベルギーでは「人種差別は犯罪」とまで言われ、私が訪れた3都市では、肌の黒い人も多く見かけましたし、私が東洋人ということで差別されているとは全く感じませんでした。他のヨーロッパ諸国に比較すると、ベルギーは人種差別意識が弱い国なのかもしれません。それでも、ニュース等で人種差別はあるとも聞いていますが。

　多少疲れたので、近くのカフェで名物のフライドポテトを食べながら休憩しました。私はその店にカメラを置き忘れました。店を出るとすぐに、私はそのことに気が付いたので、急いで店に戻ると、優しい眼差しの店員が「気をつけて」と言いながら、カメラを私に手渡してくれました。

　玩具屋も楽しげでした。フィンランドやドイツで見た木製パズルがありました。伝統料理のハンバーガーもそこから伝わったようで、この国はそれらの国々との関係が深いのでしょう。客が満員の日本料理店も見られました。

（クリスマス・マーケットです）

（日本料理店です）

（工事現場の美しい目隠しです）

（大きなメレンゲです）

大晦日のカフェ：またミートスパゲティ

　ベルギー料理店で夕飯を取ろうと思いました。行ってみると、入口には「本日、貸切」の掲示でした。もう一軒のレストランを覗いてみても同様でした。大晦日なので仕方ありません。近くにあるカフェに入りました。満員でしたが、何とか席を見つけられました。注文したくても、店内が混雑しているので、それが店員に伝わりませんでした。私の困っている様子を見た地元の客が、私に笑いかけながら、私の存在を店員に伝えてくれました。有難いことでした。

　ミートスパゲティを食べている人が多かったので、それほど待たなくても食べられそうだと思って、私も彼らの真似をしました。ブルージュで食べたものと同じように、日本の素麺のような麺でした。食後に、コーヒーと一緒にイチゴクリーム・ワッフルを美味しく食べました。夜には、教会の鐘の音は聞こえませんでしたが、花火の音やパトカーの音と若者の元気な声が賑やかでした。

サン・ミッシェル大聖堂：この旅最後の祈り

　朝食後に、帰り支度の荷物をフロントに預けました。スタッフは皆、笑顔で"Happy New Year!"。私はキリスト教徒ではありませんが、この旅の最後の元旦の祈りにと、またサン・ミッシェル大聖堂に行きました。教会内は人がいませんでした。窓から差し込む朝日を受けて、パイプオルガンが輝いていました。

　祈りの後で、朝食を食べて間がないのに、近くのカフェでレモンクリームとワッフルを美味しく食べました。大聖堂の前なので良質のお菓子が提供されるのかもしれないと思いました。付近の多くのワッフル店も開いていました。

またギャルリーとグラン・プラス：見納め散策

　その後で、またギャルリーとグラン・プラスに向かいました。ここも見納めです。途中で、それぞれ皮膚の色が異なる家族と思われる人たちをまた見かけました。

　この日は元旦でしたが、ギャルリーのアクセサリー店が開いていました。ウィンドウを見ると、個性的なデザインの安価な物が揃っていたので、その店内に入りました。店主は陽気な人でした。彼の祖父は、かつて炭鉱労働者としてイタリアから家族を連れてベルギーに移民したそうです。従って、彼は「イタリア人でベルギー人です」とのこと。店主の友人は「純粋なベルギー人」とのこと。彼らはとても仲良さそうでした。そこで売られていたアクセサリーはフランス製でした。ここも国際色豊かでした。

聖ニコラス教会：古くて美しい聖堂

　この美しい聖堂は 12 世紀頃に建築され、宗教戦争、フランス軍の侵攻などによって破壊や修復を繰り返し、1955 年の修復から現在に至っているそうです。

ベルギー料理店：バングラデッシュ人、伝統のムール貝料理

　伝統料理店に入りました。東洋人顔の店員が出迎えました。彼はバングラデッシュ出身で、2 国籍があるとのことでした。店内には少年 2 人の写真が飾られ

184

ていました。「ボスの息子たち、未来のボス」とのこと。彼は、私が日本人だと分かると、「日本とバングラデッシュはとても仲良し」と笑顔でした。地元の伝統料理のムール貝とクレープを味しく食べました。ムール貝料理はセロリ、ニンジン、玉葱と一緒の蒸し物でした。

もう一つのギャルリー：庶民的な商店街

　ギャルリー・サン・チュベールの横に、それとは雰囲気の異なる庶民的な商店街がありました。スカーフ店にはベルギーのデザイナーの品がありました。見慣れない個性的なデザインでした。ここにも革製品の店が幾軒もありました。柔らかい皮革の商品揃いでした。この商店街にもベルギー文化の香りが漂っているようでした。

　　ホテルに戻って、フロントに預けていたトランクを受け取り、タクシーを呼んでもらいました。元旦であるためか、空港への道路は空いていました。

ブリュッセルの空港：多国籍

　飛行場は混んではいませんでした。日本の航空会社のカウンターには、日本人ではないと思われるにこやかなスタッフがいました。言葉を交わせました。「ギリシャ人でベルギー人」とのこと。ここでもベルギーは多国籍の国でした。

　構内には、ベルギー北部がその製作の最先端とされるロボットと、クリスマスツリーと、アニメに出てくるような馬車のオブジェが飾られていました。楽

しそうなので、私は、大人気もなくその馬車に乗りました。ロボットとアニメの世界を思わせる馬車、これらが現在のベルギーを象徴しているのでしょう。

　空港の至る所に“JCDecaux”と記された電光広告版が見られました。世界で広告大国と言われるベルギーですが、その広告はフランスの広告会社 JCDecaux のものでした。ベルギーは、歴史的にも、現在も、フランスとのつながりが強い国なのでしょう。ベルギーは国際色豊かな国でした。

日本画Ｆ40号『ブリュッセルにて』　パステル画Ｆ６号『ベルギー人形』

著者作

ロシア連邦

サンクトペテルブルグ

2019 年 9 月

　ロシア連邦は、私が長年に渡って訪れたいと思っていた国の 1 つです。サンクトペテルブルグは旧レニングラードであり、首都モスクワに次ぐロシア連邦の第 2 の都市です。ここでの私のひとり旅は驚きの連続でした。

　40 年ほど前、ロシア連邦は旧ソビエトでした。その頃、亡父が仕事でそこを訪れ、同じく、驚きの連続だったようです。申し訳ないことに、当時の父が語った言葉は私の心にあまり残っていません。父がその訪問で遺した写真と記録文、そして、私への土産の彫刻だけが今なお残っています。その手の込んだ細工の彫刻は、トナカイの角製で、子供たちが雪の中でトナカイのソリに乗って元気に遊ぶ姿を描いたものです。部屋に飾られている、その愛らしい彫刻を見ると、私の胸には父への懐かしさと微かな痛みが生じます。

　その頃、私は「忙しい、忙しい」と口癖のように言いながら、実際、大学での職、育児、家事と、フル回転の日々でした。その慌ただしさの中で、私は父の言葉に耳を傾ける余裕がありませんでした。父亡き後、それが私の父への悔恨の念の一つとなっています。

　そのような亡き父への思いに加えて、St. ペテルブルグにあるエルミタージュ美術館を観たいという強い願いもありました。私は大学での職を退職するとすぐに、日本画と油絵を描き始めました。在職中は、絵を描く時間がなかったために、その代りに短時間で済む写真撮影を趣味としていました。退職後 5 年が経った現在は、その絵画活動が私の生活の大きな部分を占めています。また、それは私の何よりの日々の生きがいになっています。

　話は脇道に逸れますが、80 年ほど前、若い頃の亡き母は、中国の奉天と大連に満鉄勤めをしていた家族と暮らした経験がありました。彼女は、亡くなる直

前、看病する私に、「もう1度、満州の真っ赤に燃える大きな夕日を見たい」と言っていました。母はその願いを叶えることができずに逝きました。

　10年ほど前、私は亡き母に代わって大連をひとり旅しました。当時、大連の郊外でも高いビルがすでに建ち始めていて、「真っ赤に燃える大きな太陽」は見られませんでした。ただ、かつての日本軍が建築し、中国人によって大切に保存されている立派な建物は当時のままで、私は、高級住宅街と変貌した旧日本人街を見て感慨にふけったものでした。

　現在、70歳を前にしている私は、体力と気力の両面で、海外をひとり旅するだけのエネルギーが自分の中にまだあると自負しています。そのエネルギーが自分の中に残っているうちに、亡き両親がかつて目にして感動した海外の場所を私も訪れることができたことは幸いです。

　この旅行以前に、ロシアに関する噂、もしくは、偏見と思われる話が私の目や耳に入っていました。亡き父への思いと美術への思いに加えて、その話が真実かどうか、自分自身で確かめたいという願いもありました。ここ2、3年で、私の幾人もの知人たちが、ロシア連邦、St. ペテルブルグ、エルミタージュ美術館を団体旅行で訪れています。彼らの中には、私の耳を疑うようなことを語った人もいました。「ロシアは共産圏だから怠け者が多い」、「笑わない国民」等々、いろいろな噂らしき話が入っていました。私は、「ロシアが共産圏？」、「共産圏だから怠け者？」、「ロシア人は笑わない？」と、その言葉を疑問に思っていました。最近出版されたロシア旅行ガイドには、「空港内全面撮影禁止」と書かれていました。それに対しても、私には「まさか、そんなはずはない」という思いがありました。

　恥ずかしいことに、私は、若い頃から現在に至るまで、いわゆる「ノンポリ」であり、政治と歴史に関して無知はなはだしい人間です。それでも、そのロシアに関する話が事実かどうかを自分自身の目と耳で確かめたいという気持ちが強くありました。

188

数年前のバチカンの旅で私が幾人もの神父やシスターから聞いたカトリック情報とは全く異なる話を、日本のテレビで、某有名キャスターが自信ありげに、「ローマでは」、「ローマ・カトリックでは」と視聴者を教育していました。彼の語る数十年も前の古い教科書情報には驚きました。実際にこの目で観ないと分からないし、観ても良くは分からないことも多いです。

　いつもの旅で思うことですが、たった数日間の、わずかな数の都市訪問では、その国の実相を理解するなどとても不可能だと思います。それでも、幼子のような目で、偏見に囚われずに新たな世界を見回した時、その実相の断片は得られるように思います。その断片は全体像に繋がるようにも思われます。

ロシア連邦

　この国の面積は日本の約45倍で、世界最大であり、地球上の居住地域の8分の1を占めます。人口は最近の情報では約1億5000万人で、日本の人口と僅かしか違いません。平均寿命は、男性が短くて67.1歳、女性は77.4歳だそうです。ウオッカ飲酒が短命の原因とも言われています。公用語はロシア語ですが、多民族国家ゆえに多くの言語が話されています。宗教は、キリスト教正教会、イスラム教、仏教、ユダヤ教等と、さまざまな信仰があるようです。中でも、正教会が最も広く信仰されているようで、近年の統計では、国民の半数以上が正教会に属しているそうです。

　この国は、3世紀から8世紀までの間の東スラヴ人の歴史に始まり、キエフ大公国が誕生し、10世紀に東ローマ帝国から正教会が入り、東ローマ帝国とスラブ文化の統合が始まったとされます。キエフ大公国は多くの国に分裂し、モンゴルに制圧されたようです。一方、しだいに大きくなったモスクワ大公国はキエフ大公国の文化的・政治的な遺産を継承し、18世紀までにロシア帝国となったそうです。ロシア革命後、ロシア・ソビエト連邦社会主義共和国という世

界初の社会主義超大国となり、第二次世界大戦においては連合国を勝利に導い
たようです。その社会主義共和国はロシア連邦として再構成されました。次に、
私なりの「ロシアらしさ」を記します。もちろん、この国の代表的な都市とは
言っても、たった１つの都市の訪問で言い切ることはできませんが。

広くて古い景色

　前記したように、この国の面積は日本の約45倍です。それゆえ、私の近年の
海外旅行で経験していたのとは全く異なる距離観でした。地図の読みも異なり
ました。空港も、郊外の道路も、街中の大通りも、街中にある聖堂も、宮殿も、
美術館も、公園も、そこに立ち並ぶビルも、どれもこれも広大なものでした。
その広い景色にはその国が誇る歴史も感じられました。

強い愛国心

　ロシア帝政時代、ソ連時代、どちらの時代の遺物も偉人像も大切に保存され、
多民族国家とはいえ、もしくは、それゆえか、古くから伝わる歌やダンスや民
族工芸が人々によって伝えられ愛されていました。ソ連崩壊後に続き、現在は、
移民を嫌うロシア人が増えているとのことで、街中で働く人々の中には有色人
種はほとんど見かけられませんでした。

　そのナショナリズムは、日本で先日開幕したラグビーのワールドカップのロ
シアチームのメンバーを見ても分かるように思います。日本はもともと多民族
国家ではないのに、日本人チームは肌の色もさまざまで、その半数近くはトン
ガ、ニュージーランド、韓国、南アフリカ、サモア、等の出身です。一方、ロ
シアチームは、肌の色も外見もほとんど一様で、全員がロシア出身のようです。
スポーツの種々な国際大会やオリンピックにおけるナショナリズムの是非は、
私には良く分かりませんが。

　また、現地で知り合った女性の話も興味深いものでした。彼女の両親が旧ソ

連時代の移民であるポーランド人とイタリア人なので、彼女は混血ロシア人だそうです。一方、彼女の夫は「金髪、ブルーの目の純血ロシア人で、息子も夫と同じ髪と目の色で良かった」と、彼女は誇らしげに言いました。彼女は栗毛で焦茶色の目でした。彼女の出自と髪と目の色が、彼女の潜在的な劣等感になっているのかもしれません。そうだとすれば、それは哀しいことです。

親日の人々

　そのようにナショナリズムの強い国で、日本人嫌いのロシア人には出会いませんでした。飛行場には私の好きなイッセイ・ミヤケの香水が売られ、日本の企業、ユニクロ、トヨタ、日産のことを褒める現地人に会いました。また、多くの若者が、プーチン大統領の母校である St. ペテルブルグ国立総合大学の東洋学科で日本語を学び、日本企業に勤めたいという希望を抱いているとの話も聞きました。そのプーチン大統領は若い頃から柔道をたしなみ、彼の次女はその大学の東洋学科で日本史を勉強した親日派のようです。

　また、この国の多くの若者が、日本国内でも「難解」と言われる大江健三郎氏の小説を、ロシア語ではなくて、日本語で読むとのことで、それも驚きでした。海外で読まれる日本人の小説家は村上春樹氏と聞いていたのに、ロシアではその名は聞かれませんでした。大江文学の気真面目さがロシア文学のそれと類似しているからか、良くは分かりませんが、私は政治論者ではない文学者としての大江健三郎氏が好きなので、それは嬉しいことです。

好まれて使われる国旗の白と赤と青の色

　多くのロシア人画家の絵にも見られるように、街中でも、白と赤と青の色がたくさん使われていました。その 3 色はロシア連邦の国旗の色です。白色は冬の雪と氷でしょう。ロシア国内では比較的温暖な St. ペテルブルグでも冬場は零下 1℃〜零下 6℃になるようです。赤色はロシア人の命なのでしょう。この赤が

男女問わずに衣服に、また街中の外装とインテリアにと、一番多く使われているようです。アエロフロート・ロシアのスチュワーデスのユニフォームと飛行機の尾翼先端の色も赤です。青色は河川や運河の色でしょう。ロシアには幾つもの大河が流れています。この青はポストの色としても使われています。私は国外を旅行する時には、なぜかポストの色が気になります。

豊かな芸術活動と盛んなスポーツ活動

エルミタージュ美術館をはじめとして、多くの美術館、劇場、コンサートホール、そして、美術学校、バレエ学校、音楽学校があり、芸術に親しむ人々が多いようでした。

巨大書店では、美術や音楽関係の本、そして、詩や小説の本も豊富で、観光客に加えて、それらを求める地元の人々でごった返していました。また、ロシア語の本とは別に、英語で記された子供向けの童話も品揃いでした。人々の多くは、地元にゆかりのある著名な文学者、トルストイ、ドストエフスキー、ゴーゴリ、プーシキンを身近な存在と感じて、彼らの作品に親しんでいるようでした。

スポーツ活動に関しては、最近は、ウオッカを飲まずにジム通いを好む成人男性も多いそうです。多くの大人や子供は柔道を学び、男子は幼稚園の頃からサッカーを学んでいるとのことで、スポーツ活動も盛んのようでした。

豊かな幼児期教育～高等教育

2歳を超えると幼稚園、6歳を超えると日本の小学校に相当する初等普通教育4年間、基礎普通教育5年間、中等普通教育2年間で、計11年間の義務教育を経て、日本の専門学校に相当する中等専門教育（基礎普通教育から入れる）か、日本の大学に相当する高等教育（4年間か5年間以上）を受けます。

幼稚園は7時に始まり、子等に朝食を提供し、学びや遊びを指導して、夜7

時頃まで開いています。この朝食提供は働く母親の為であり、それは北欧と同様です。ほとんどの子が通う国立の幼稚園や義務教育は無料とのことでした。（僅かしかない私立学校は有料とのこと）ほとんどが国立である高等教育に関しては、最近は財政難のために、国立であっても、有料と無料コースに分かれているそうです。無料コースの方が難易度は高いそうです。

　地元の子育て女性が言うには、幼稚園児のほとんどが英語スクールに、そのうち、男子はサッカーや柔道教室に、女子はバレエ教室や絵画教室や音楽教室に通うのことでした。英語スクールの月謝は月 3000 ルーブル（日本円で約 6000 円）、サッカー教室の月謝は月 5000 ルーブル（約 10000 円）とのことです。幼稚園と義務教育に通う子等のダブルスクール 2 つや 3 つは当たり前のようです。

　また、幼稚園児の英語塾通いでも分かるように、語学教育が盛んなようです。最近の資料による情報とは多少異なりますが、これも地元の人に言わせると、全ての子が、小学校 2 年生から英語を学び、5 年生からは第 2 外国語を選択する必要があるそうです。第 2 外国語として日本語を選択する子も多いようです。

　St. ペテルブルグには音楽学校や美術学校が多くあり、計 90 はあるとのことです。それらは全て国立ですが、授業料は有料で、平均的生活を営む親には無理せずに支払い可能なものだそうです。それらの学校には 4 歳から 10 歳で入学し、その後、高等教育まで進むようで、その入学試験のためのダブルスクール通いも熱心とのことでした。どの分野でも受験戦争が激しいそうです。

高い離婚率

　離婚率は世界 1 位とのことです。私には離婚率の計算方法が理解しかねるのですが、地元の人が言うには 80％、最新の資料によると 50％です。いずれにしても世界 1 とされる離婚率です。地元の女性の個人的な話ですが、彼女の母親は画家の夫と離婚後、銀行員をしながら 2 人の子を育て、69 歳の現在も銀行で主任をしているそうです。また、彼女の姉も、軍人の夫と離婚して、2 人の娘を

育てているとのことでした。彼女自身は、夫と子の平和な3人暮らしとのことですが。プーチン大統領も離婚経験者です。

　離婚が多い原因を彼女に尋ねると、仕事が大変ですれ違いが大きいこと、男女の収入差がないこと、老後の年金が少ないこと、妻は受験戦争が激しい子の教育に夢中であること、等々が挙げられました。「軍人男性との結婚生活は悲惨」とも言いました。詳しい状況は分かりませんが、夫の、家庭よりも軍に忠誠という精神が、そうさせるのかもしれません。

年金額の少ない高齢者

　街中のさまざまな場所で、多くの労働する高齢者の姿が見かけられました。どの建物に入っても、モップで床拭き掃除をしている高齢者、特に、女性の高齢者が目につきました。年金は女性55歳、男性60歳から支給されるとのことですが、支給額は16000〜30000ルーブル（約32000円〜60000円）なので、それだけでは苦しい生活しかできないそうです。それゆえ、女性は70歳頃まで、男性は75歳頃まで働く人が多いとのことでした。しかし、ロシア人の平均寿命は短くて、昨年度の男性平均寿命年齢は66.4歳で世界125位、女性は77.2歳で世界85位です。（参考までに、日本の男性平均寿命年齢は81歳で世界2位、女性平均寿命は87歳で世界1位です）退職前に、しかも年金を受給される前に亡くなる人が多いことは、哀しい状況です。

　教会堂や美術館の入場料も子供や学生には配慮されていましたが、シニア割引はないようでした。しかし、老人の年金額は少なくても、学生を除くほぼ全員のロシア人は持ち家主なので、住居費は必要なしとのことでした。最近の資料によると、これも計算方法が良くは分かりませんが、ロシア人の持家率世界5位で84%とのことですから、独居の学生を除いて考えれば、老人はおおむね全員が持ち家主なのでしょう。日本の持家率は21位で60%です。

世代間相違と激しい社会変動

　世代によって最も異なっている点は、宗教観のようです。老人と子供は、ロシア正教の信者が多く、教会に通う人も多いそうですが、ソ連時代に生まれ育った 30 代〜50 代の人々は無神論者が多いそうです。街では祖父母に連れられて教会に行く子供の姿がよく見かけられるようです。また、私が今回訪れたロシア正教の聖堂内には、エストニアの首都タリンで見かけたようではなくて、静かに神に祈る多くの姿がありました。祈りを妨げるとの理由で撮影禁止の教会もありました。

　飲酒に関しても、ウオッカを好む中高年の男性とは異なり、多くの若い男性はアルコール漬けの生活を嫌い、その時間をスポーツに当てているそうです。

　英語使用に関しても、最近の語学教育熱もあり、全く英語を話せない中高年が多い状況とは異なり、ほとんどの若者と子等は英語を流暢に話します。

　テレビを観るということに関しても、テレビを楽しむ中高年が多い一方で、テレビを家に置かずにネットを利用する若者が多いそうです。中高年はプーチン大統領を信頼し、若者は彼を嫌うことがその原因のようです。それゆえに、中高年は国営テレビ放送を観て、若者はプーチン大統領による統制を危惧して、ネットでニュースを得ているとのことでした。「プーチンが失脚したら、テレビを買う」という若者の言葉も興味深いものでした。（プーチン政権に対して不信感を抱く若者が多いせいか、政府が進める新型コロナワクチンの摂取が進まない状況のようです）

　18 歳以降の男子に課されている徴兵制度も最近は廃止の動きがあり、現段階では、その徴兵中でも学問やスポーツ等の活動を自由に続けられるそうです。それは以前の徴兵制度の内容とは全く異なっているようです。

　このような状況ですと、現在のロシア連邦の子等や若者が国を背負うようになる頃には、国も、その外交も、大きく変貌していると思います。

猫好きな人々

　猫は St. ペテルブルグのシンボルの 1 つです。多くのロシア人は猫を好むようです。東京の銀座通りのような大通りの歩道に猫が遊び、エルミタージュ美術館の地下には多くの猫が生息し、教会堂の柵から大通りを猫が眺め、土産物店にはいろいろな猫グッズが売られ、24 時間マーケットには多くのキャット・フードや猫の絵が描かれた商品が並び、書店にはさまざまな猫の絵本やカレンダーが揃っていました。私の愛猫ウィン君はロシアンブルー種で、「ロシアが原産の自然発生種である」と言われています。

シェレメチェヴォ国際空港までの機内：美味しい機内食、親切な両隣

　成田から約 10 時間で乗換のモスクワ・シェレメチェヴォ国際空港に着きました。私はひとり旅の時、節約の為に、飛行機は必ずエコノミーです。今回もエコノミーの席でしたが、機内食が美味しかったためか、私の左隣の若いロシア人女性と、右隣の若い中国人男性が、それぞれに気配りある人だったからか、約 10 時間、私は全く疲れ知らずにモスクワの空港に着きました。途中、3 人座席の 1 人がトイレに立つと、残り 2 人も続くといった具合で、お互いに隣席の人に迷惑をかけないように気配りしていたようです。

　これまでの海外旅行では、機内食は、スカンジナビア航空とフィンランド航空と全日空に限って美味しく食べることができました。今回のアエロフロート・ロシアの機内食も良かったです。モスクワまでの機内食は、塩味の白身魚、いか、海老が具となっている焼きそば風ヌードルと、かぼちゃサラダと、ゴボウ・チキンロールでした。素材の味と塩加減が良くて、スカンジナビア航空の機内食を思い出す味でした。

　私は、機内ではゲームをするのが常ですが、今回は寝ているか、ビデオ映画を観ていました。ディズニーの『ダンボ』も観ました。その映画は私を幼心に戻しましたが、ダンボのグレーの毛とブルーの瞳を見ていると、日本の獣医に

預けてきたウィン君が、「ミャーヲ、ミャーヲ、お母さん、お母さん」と鳴きながら私を探している姿が目に浮かんできました。

モスクワ空港：広い構内、親切なドイツ人

　この空港では、噂とは異なり、パスポート・コントロールや手荷物検査場を除き（日本でも同様です）、自由に写真は撮れましたが、カメラを持っている人がほとんど見当たりませんでした。スマホで撮影する人ばかりでした。また、東洋人観光客のほとんどが中国人で、なぜか、韓国人や日本人は見当たりませんでした。

　空港内では、カボチャなどの野菜がカフェの宣伝に添えられて、美しいオブジェとなっていました。St. ペテルブルグの街中でも、野菜を美しく飾っている光景をよく目にしました。野菜作りもロシアの誇りなのでしょう。

　パスポート・コントロール直前の空港内で、スタッフに St. ペテルブルグへと飛ぶゲートまでの行き方を訊くと、「急げ！」でした。パスポート・コントロールでは時間がかかっていて、隣の列にいたドイツ人が、私の慌てている様子を察してか、親切にも、私に「先に行け！」と言って、空いたデスクを知らせてくれました。

　パスポート・コントロールを通過して、広い空港内を歩きに歩いて、新型の無人電車のようなものに乗って4、5分すると、A〜Fまであるターミナルの1つに到着しました。再び歩きに歩いて保安検査場を通り、St. ペテルブルグ行の飛行機が出るゲートに着きました。搭乗は始まっていました。トイレも済まさずに飛行機に乗り込みました。飛行機内に入るやいなやトイレを使わせてもらいました。スチュワーデスは「もちろん、どうぞお使い下さい」と、笑顔の応答でした。

St. ペテルブルグ空港への機内：中国人観光客、美味しい機内食

　St. ペテルブルグへの機内には多くの観光客が見られました。ロシアへの観光客は中国人が最多のようです。機内放送はロシア語と英語のみでした。モスクワまでの同じアエロフロート・ロシアの機内放送は、ロシア語、英語、そして、妙な日本語でした。

　この機内でも、中国人観光客は各自ポットを1本携えていました。そのポットを次から次へとスチュワーデスに渡して、「ティー」と頼んでいました。それを見る私の視線を気にしながらも、彼らは私に笑顔を向けていました。以前とは異なって、日本人に対する中国人の態度が変わったのか、ロシア旅行する中国人がそうなのか、私が変わったのか、今回の旅で出会った中国人中高年、特に女性は、私が日本人と分かっても、愛想が良かったです。彼女らは、私に「英語を全く話せない」とジェスチャーで伝えながらも、行く所々で、私に話しかけたそうにしていたり、無言の笑顔で場所取りを頼んだり、「写真を撮りましょうか」と申し出てくれました。

　乗換えた飛行機で出された機内食は軽食でした。チーズとハムとキュウリとピクルスのサンドイッチと、姫リンゴ、可愛い絵のチョコレート、コーヒーでした。見た目は質素でも、ピクルスがその他の食材の味を活かしている美味しいサンドイッチでした。ロシアの食材と料理の腕の良さを感じさせました。

St. ペテルブルグ

　ここはバルト海のフィンランド湾に面し、ネヴァ河口に位置するモスクワに次ぐ大都市で、かつてのロシア帝国の首都であり、第一次世界大戦以降はペトログラード、ソ連邦時代はレニングラードと呼ばれました。

　この街の面積の約10分の1は水（川と運河）に覆われ、「北のヴェネツィア」と称されています。首都のモスクワとは異なり、「開放的でヨーロッパ的、文化

芸術の場」ともされています。フィンランドの首都ヘルシンキとエストニアの首都タリンが近隣にあります。私はその両都市には昨年訪れていますが、それぞれの異なる文化の違いに興味を覚えます。

St.ペテルブルグ市街に向かう車：英語を話さぬ運転手、歴史の重みを感じる街路、交通渋滞の車道

　モスクワでの乗換後1時間30分ほどでSt.ペテルブルグに到着しました。外は雨で、気温は14℃でした。事前に手配していた車でホテルまで向かいました。その自動車の運転手は人柄の良さそうな顔をしていたので、私は多少安心でしたが、この旅行中に出会った全ての運転手と同じく、英語を理解しませんでした。英語が全く通じない人と出会うことは、この旅でも一番困ることでした。スペイン旅行でもそうでしたが。ただ、ホテルや、商店や、レストランや、聖堂や観光の場では、ロシア人スタッフの誰もが英語を話していました。特に、若いロシア人は見事に流暢で綺麗な英語を話していました。近年の学校教育の成果なのでしょう。

　空港から市街地に向かう街路は広く、市街地に入っても同様で、その両側にはロシア帝国時代の立派な建物が立ち並び、偉人の大きな像もたくさん見られました。そこにこの国の歴史の重みを感じました。その幅広い車道には自動車の数も多かったです。この旅行中はいつも、車道は小型車で交通渋滞だったようです。自動車は右側走行でした。また、ロシアでは、韓国車、日本車の順で人気とのことで、街の人は、「人気車はトヨタ、ニッサン」と言っていました。

宿泊したホテル：豊かな電力と水力エネルギー、『ヴォルガの舟歌』

　この街で一番賑やかなネフスキー大通りをまがってすぐの場所にある、小さくとも感じの良いホテルに着きました。フロントの女性が流暢な英語を話したので、私はほっとしました。まずは"Welcome Champagne or Juice"でした。

廊下を出入りするのにもキーが必要で、部屋までの通路も保安がしっかりして
いました。室内は清潔で、照明とコンセントが多くて、水道の水圧が強くて、
居心地の良い所でした。アロマはホテル内のどこにも置かれていませんでした
が、嫌な臭いはしませんでした。海外のホテルで、アロマが置かれていないの
は初めてでした。館内に鏡が多く使われていましたが、たぶん、それは市内に
多くある古い宮殿の真似だと思いました。

　部屋に入ってほっとしていると、隣の部屋から、テレビの音ではない、人が
歌う懐かしいロシア民謡『ヴォルガの舟歌』の一節が聞こえました。私はその
歌の一節を聞いていると、「ああロシアに来た！」と実感しました。

朝食前のホテル：日本の11月の気温、世界各地の観光案内テレビ番組

　朝6時半に起床すると、晴れて風が少しあり、9月なのに日本の11月初頭の
肌寒さでした。その日の最高気温は14℃で、最低気温は7℃でした。室内では、
薄手のセーターの上に厚手のカーディーガン、厚手の靴下の上にスラックス、
それでちょうど良い状態でした。外出時は、その上に薄手のコートを羽織りま
した。

　朝食前のテレビには、ロシア国営放送局に加えて、BBCと中国国営放送も流
れていました。世界各国の旅行案内も見られました。日本に関しては、この市
と姉妹都市である大阪市の城とたこ焼きが放映されていました。街の人がたこ
焼きの話をしていたので、それはロシアでは人気なのかもしれません。

ホテルの食堂：美味しい朝食

　朝食は味の良い食材揃いで、味付けも私の口に合っていました。日本でもロ
シア料理に親しむ機会が多いせいか、ロシア人が料理上手なのか、食材が日本
のそれと似ているのか、なにしろ、それは美味しい朝食でした。

ルーテル聖ペテロ教会 : 閉まっていた「フィンランド教会」、ロシアの宗教

　朝食後にホテル付近を散策しました。歩いて数分の所に、観光用の地図には載っていない教会がありました。屋根に輝く十字架と垂れ幕にある国旗の１つ、「日の丸」が印象的でした。これは、プロテスタントの一派、ドイツ生まれのルーテル派の教会であり、19世紀初頭にフィンランドによって建てられた聖ペテロ教会、「フィンランド教会」でした。この街のプロテスタントの祈りの場のようでした。この日はそのドアは閉まっていました。（別の日にはドアが少し開いていたので、私が覗くとコンサートの準備中でした）

　ロシア正教は、ソ連崩壊後に再び繁栄したそうです。政教分離とのことなので、それは国教ではありませんが、国民の約４分の３もの信者がいるそうです。そのようなロシア正教の国で、プロテスタントのルター派教会とは意外でした。

　仏教に関しては、St.ペテルブルグに寺院があり、モスクワには仏教センターがあるとの話も聞きました。プーチン大統領は幾つもの宗教に対して穏やかな関係にあるようです。ソ連崩壊以降の政策ではあると思いますが、それに加えて、彼の生い立ちもその要因にあるような気がします。父親は無神論者だったそうですが、母親が熱心なロシア正教会員だったとのことで、神不在の世界と、幼い頃から母親から受けていた神と宗教へ向かう教育、その狭間で、彼の宗教に対する寛容さは育ったのかもしれません。

ペテロ教会付近 : 面白いオブジェ、土産物店

　その教会の前にあるオープン・カフェには、金属製のモダンで面白いオブジェが幾つも飾られていました。また、朝早くからその付近の土産物屋が開いていました。店内に入ってみると、そこにはずらりと美しい工芸品が並んでいました。さまざまな絵柄のマトリョーシカ、民族衣装を纏った人形、木彫りの人形、グジェリ焼き陶器、ホフロマ塗り食器、絵本の世界を描いているようなバレフ物入れ、それらは美しい芸術品で、観ているだけでも楽しいものでした。

（街路脇の美しい悪戯書きです）（少女が大通りの絵を描いています）

ホテルのロビー：気になる絵

　大通り沿いを歩きながら、この街で最大の駅であるモスクワ駅と、それに隣接している巨大ショッピングモールに出店している、日本の「ユニクロ」を急に見たくなりました。その大通りをまっすぐに進めば良いのですが、私の足では1時間半はかかりそうでした。ホテルでタクシーを呼んでもらうことにしました。私はロビーでタクシーを待っている間に、そこに飾られていた2枚の素敵な絵を観ていました。1つは伝統的な大風景画で、もう1つは日本画に見える作品でした。スタッフの説明では、私には日本画に見えた絵は、油絵の抽象画とのことでした。バックの処理と色が、私に日本画を思わせたのでしょう。

St.ペテルブルグにあるモスクワ駅：厳重な手荷物検査模様

　モスクワ駅はこの市にあり、レニングラード（St.ペテルブルグ）駅はモスクワ市にあります。それらは間違いそうですが、面白い駅名の付け方です。直行の急行便が両駅を往来しているそうです。

　タクシーが来ると、私は行先と料金を確認しました。運転手は英語が全く分からないとのことで、ホテルのスタッフにロシア語で行先を伝えてもらい、料金も訊いてもらいました。モスクワ駅までは198ルーブル（約400円）でした。

202

電車や地下鉄に乗って別の街に行ってみたかったのですが、この短い旅行ではその時間がありませんでした。モスクワ駅を外から見ると、人の列が出来ていました。空港と同じような、10 年程前に大連駅で見たような、厳重な手荷物検査がなされているようでした。ホテル近くの地下鉄入口でも、手荷物検査を待つ長い人の列が見えました。

ユニクロ：広い店内、親切でお洒落なスタッフ

モスクワ駅に隣接する巨大ショッピングモールの 1 階から 2 階にかけて、ユニクロがありました。現地人の客で繁盛していました。店頭や店内には、トランシーバーを手にして、黒いユニフォームをお洒落に着こなした、幾人もの警備員がいました。彼らも、それ以外の店員も、全てロシア人でした。

この店内には豊富な色とデザインの商品が上手に展示され、日本にあるユニクロよりも少し高級路線を進んでいるような感じでした。値段も、日本と比べると、少し高めに思われました。寒い地域ゆえか、カシミア 100％セーターの色と材質と厚さが、日本で見るそれよりも良く感じられました。厚手のカシミア 100％のセーターの値段が 6999 ルーブル（約 14000 円）でした。

包装袋は日本のものと同じですが、その中にユニクロがコラボしているパリの有名デザイナーの作品のチラシが入っていました。このロシア店では、材質はもちろんのこと、デザイン性にも力を入れているように思われました。この国には目に美しい伝統的な芸術があるのに、この街で見かける一般的な人々の日常衣服は質素な感じがして、美的とは思われません。

日本のユニクロ店とは異なり、その店内では中高年客を見ませんでした。このショッピングモール自体が若者向きであるためかもしれませんが、ここのユニクロの価格帯が、現地の物価を考慮しても、日本より高めなので、ロシアの年金生活者には近づき難い店なのかもしれないと感じました。そのせいもあって、ここでは若者中心のブランドになっているのかもしれません。

店の前や店内の写真を撮りたかったので、警備員に尋ねると、笑顔でスマホを取り出して、社内のルールを調べ、その英語サイトを私にも見せてくれました。スマホの画面には、「プロでなければ撮影可」とありました。彼は、「好きにたくさん撮って良いです」と言いました。また、レジのロシア人店員は私が日本人と分かったようで、笑顔の対応でした。ここでも幾人かの「笑う」ロシア人に会いました。そのショッピングモールを出てから、モスクワ駅前を散策しました。交差する通りも、立ち並ぶ建物も、目の前に大きくありました。

ロシア美術館へのタクシー：怖い運転手

　タクシーでロシア美術館に向かおうと思いました。ガイドブックには、「ホテルかレストランでタクシーを呼んでもらい、先に料金を訊くこと」とありました。私はその注意を忘れていました。

　広い駅前を見渡すと、その駐車場には客待ちのようなタクシーがたくさんありました。1台の車に乗ると、その運転手は英語が全く分かりませんでした。私が、ロシア語のメモ、「ロシア美術館」を見せると、その車は走り始めました。少し走ると、運転手が料金のことを言い始めたようです。彼は、250.00と記されたスマホを私に見せました。地図上でのモスクワ駅からロシア美術館の距離は、ホテルとモスクワ駅までの距離とほぼ同じです。ホテルからモスクワ駅までは198ルーブルだったので、私はその額に納得しました。

　しばらくすると、彼は、今すぐ前払いで料金をよこせという身振りをしまし

た。私は「ノー」と言って、その身振りを無視しました。彼は私の主張を受け入れたようでした。その車は地図通りの道路を目的地の方向に走っていたので、私はそれに多少安心していました。10分ほど走ると、車は目的地に着きました。私はほっとして、運転手に250ルーブル渡すと、彼はスマホをかざして2500ルーブルだと主張します。私は怖かったので、仕方なく、2500ルーブル（約5000円）ではなくて、2000ルーブルを渡して、急いでタクシーを降りました。その運転手は文句を言いませんでした。付近には警察官は見かけられませんでした。タクシーを降りた運河沿いの場所は、血の上の救世主教会、ミハイロフスキー庭園、ロシア美術館がありました。とても美しい場所でした。

血の上の救世主教会：モザイクが美しい聖堂

　これは1907年築の純ロシア風教会で、高さ85mを超え、アレクサンドルⅡ世が暗殺された場所にあります。外観も内部も立派でした。内部は陽光が入って明るく、美しいモザイクがありました。入場料は大人350ルーブル（約700円）、18歳以下100ルーブル、7歳以下無料でした。美術館と同じくシニア料金はありません。子供や学生には優しく老人には厳しい社会なのでしょう。

（運河の上にもゴミがありません）（血の上の救世主教会です）

血の上の救世主教会付近：公衆トイレ、猫、怖い鳩使い

　教会堂を出て公衆トイレに入りました。その入口には東洋系の顔立ちの若い女性スタッフがいました。ロシアに来て初めて見る東洋系の働き手でした。アジア系ロシア民族かもしれません。代金40ルーブル（約80円）でした。

　緑濃い公園沿いを歩くと、そのフェンスには画家たちが描いた油絵がずらりと並べられて売られていました。購入している人も多く見られました。そこに人慣れした猫が2匹寄ってきました。黄色の首輪をつけていたので、それらは飼い猫のようでした。私の隣にいたロシア人女性と私が、同時に、その首輪に気が付いて、「飼われている猫だ！」と同じようなことを英語で言って、笑い合いました。この人の笑顔も素敵でした。この街では猫は大切にされ、街のシンボルの1つとのことでした。そこにいた猫は、私の愛猫と同じように、人相ではなくて、猫相が良くて可愛らしかったです。

　その美しい場所でも、怖い思いをする出来事がありました。数羽の白鳩が棒の台の上に乗っていました。その鳩たちの白い色が周囲の緑に映えて美しいので、私はそれらの写真を撮りました。シャッターを押した途端に、2人の中年男性が足早に私の近くに来ました。彼らも全く英語が分かりませんでしたが、その1人が白い鳩を大事そうに抱き、鳩の背中を撫でながら、5000ルーブル（約10000円）を私に要求しました。

やはり、近くに警官はいませんでした。私は知らんふりして逃げようかと思いましたが、足が遅いし、相手は２人連れの男性で怖いので、500ルーブル差し出しました。すると、その人は「5000ルーブル」と主張します。やはり怖いので、悔しいけれども、5000ルーブル渡して逃げようとしました。すると、もう１人の男性が自分にもよこせといった表情をしました。その時、私が"No！"と強く言い切って、その場を去ると、その男たちは追いかけては来ませんでした。真っ昼間に、人の出が多い、歴史と自然の美を誇る場所で、これは驚きの出来事でした。加えて、自分の軽率さも情けなく思われました。

　前記したように、私は動物を見世物にしてお金を稼ぐ人間が嫌いです。日本でも、猿回しや牛の角突きが見世物となっています。それは、高度の訓練と技術が必要とされる、伝統を誇る文化かもしれません。それでも、私はそれらの行為に嫌悪感を覚えますし、それを楽しむ人々も嫌いです。

　その教会堂付近にも、教会内にも、公園にも、ロシア美術館の広い庭園にも、運河の上にも、どこにも、ゴミが１つもありませんでした。それは不思議なことでした。それはロシアに着いてからも同様で、私がこの街を去るまで変わらぬ光景でした。ホテルで観たロシア国営放送のテレビ番組では、道端に捨てられたタバコの吸い殻をプラスチックのボトルに入れて、街を清掃しているボランティアのことが放映されていました。ゴミを街からなくす運動は、国の政策なのかもしれません。

　また、これまでの海外の旅では、この街ほど、空港や街中、人の集まる場所に、警官や軍人の姿が見かけられない場所はないように思われました。これも、大統領の、連崩壊後のロシア警察やロシア軍の評判の悪さを考慮しての政策かいなかは、私には良く分かりませんが、なにしろ、それは不思議なことでした。軍人の姿は見えない方が良いですが、日本の、特に、東京の我が家付近で日々パトロールをしてくれている多くの警官のことが有難く思われました

ロシア美術館：広くて静かな館内、ロシア人画家の絵

　この美術館は救世主教会に隣接しています。1825年に完成した古典主義形式の傑作と言われる建物で、1898年に「アレクサンドル3世記念ロシア美術館」として再生したそうです。イコン絵画から近現代美術までのロシア作品が展示されています。

　この美術館の入口は目立たずに小さくありました。私も観光客の1人ですが、ここは観光客の少ない静かな美術館なので、落ち着いて絵を観ることができました。時代を追って多くのロシア人画家の作品に出会えました。ロシアは雪深い国のためか、雪の絵が多く、雪の描写と雪の中に描かれる赤色のさまざまなモチーフが印象的でした。私は、現在、雪を背景にした子供と椿の油絵を描いているので、それらの絵は絵画制作の勉強になりました。

（ロシア美術館です）　　　　　（雪を背景にした絵が多いです）

美館内のレストラン：ロシア料理、にこやかな女性スタッフ

　ランチは館内のレストランで取りました。ここでは大きな絵が天井から壁一面に飾られていました。その絵を観ながら、ゆっくりとランチを楽しめました。

ロシア水餃子、サラダ、ジュース、ソーダ水で、750ルーブル（約1500円）でした。水餃子の塩加減が私には丁度良くて、それは多い量でしたが、残さずに美味しく食べることができました。スタッフの美人女性がにこやかで、時々、私の近くに顔を出しては、英語で話しかけてくれました。たぶん、そこは女性にとって恵まれた職場なのだろうと思いました。

運河沿い：日本人女性たちとの出会い

　美術館から運河沿いを歩いてカザン大聖堂へと向かいました。途中、土産物のテントが多く並び、観光客で賑やかでした。そこで私は日本人に出会いました。この旅では、この他、エルミタージュで1組、ホテルで1組しか、日本人に出会っていないと思います。ここでは、若い女性が車椅子の若い女性と一緒でした。マトリョーシカの店の前で出会いました。彼女たちも可愛らしかったですが、その店のテントの中には可愛らしいマトリョーシカが並んでいました。私が「可愛い！」と言うと、彼女たちも、「本当に可愛い！可愛いですね」と笑顔の相槌でした。

旧シンガーミシン・ロシア支社：憐れな物乞い、大規模の書店、満員のカフェ

　カザン大聖堂前の交差点に古めかしい大きな建物がありました。これは1904年築のビルで、ロシア文化遺産となっている、旧アメリカ企業シンガーミシン・ロシア支社でした。現在は、それは大きな書店とカフェとなっていました。

その立派な建物の前で、私の目に飛び込んできた姿がありました。哀しいことに、プラスチックのカップを片手に、杖をもう一方の手に握って、私と同世代の小柄な女性が物乞いしていました。失礼なので写真は撮りませんでしたが、そこに居合わせた大勢の人の中には、彼女に気を留めてカップにコインを入れる人は誰もいませんでした。北欧と同様に、この街でも物乞いが追いやられることはないようでした。この国は決して社会主義国家でも共産主義国家でもないようです。そうであったら、このような物乞いの姿は見られないはずです。

　私は、その女性が気にかかりながらも、このビルの２階のシンガー・カフェに入りました。カフェの中は観光客と地元の人で満席近い様子でした。１つだけ空席がありました。親切な店員が私の為にその席を見つけてくれました。

　その席の隣には、やはり親切そうな地元のロシア人夫妻がいました。私が少しの間、ケース内のケーキを見ようとして席を立つと、別の人がその席に座りそうになりました。すると、即座に、その女性が私を指さして、私の席だと言ってくれていたようです。私が席に戻って、彼女にお礼を言うと、笑顔の彼女はジャスチャーで、「貴女の席だから」と伝えているようでした。

　近くの席には、家族連れの中国人の観光客も多くいました。ここでも彼らは小さな携帯用ポットをテーブルの上に置いていました。他の国々の旅でもよく見かけた光景です。私は決して真似したくはありませんが、考え方によっては、無駄のない合理的な生活態度と言えるかもしれません。

　私はリンゴのクレープ包みベリーのアイスクリーム添えを食べて、コーヒーを飲みました。クレープ包みは、その歯ごたえの柔らかさと硬さのバランスも良くて、美味しかったです。胸焼けもしませんでした。やはり、ロシア人の味覚と料理の腕は優れているようです。560ルーブル（約1120円）でした。

　この書店にはさまざまな分野の本が専門書に至るまで多くあり、特に、子供向けの絵本や童話本が豊富に思われました。私は、ロシア語が全く分からないので、英語版の本の在処を店員に尋ねると、それは別の階に揃っていました。

子供向けの英語版の本も多いように思いました。また、本の装丁が美しいものが多くありました。土産物も多く売られていて、比較的安価で良さそうな物が選ばれて置かれているようでした。私が「これは良い土産になりますね」と言うと、店員も笑顔で喜びました。朝9時から深夜24時まで営業の書店というのも、日本では見られそうもないものです。街中のどの店も夜遅くまで開いているようで、店員も親切なので、私は「ロシア人は働き者も多い」と思いました。

　トイレ前には中国人観光客の長い列がありました。その書店のトイレだけ利用する中国人観光客が多いとのことでした。ここでも不思議に、日本人と分かってか、私に微笑む中国人中年女性が幾人もいました。以前の海外旅行では見られなかったことです。半年前のベルギー旅行でも、それ以前のイメージとは異なる中国人カップルに出会ったことを覚えています。そのイメージの違いは、単に、広い国土に暮らす中国人の多様性によるものではなくて、それ以上に、日々、急速に中国人が変化していることに起因しているように思われます。

カザン大聖堂：ロシア正教の祈りの場

　これは、1612年ポーランド撃退以来のロシアの守護神『カザンの聖母』のイコンを安置するために、農奴出身の建築家の設計によって、約10年をかけて1811年に完成された大聖堂とのことです。バチカンのサン・ピエトロ大聖堂を真似て建てられ、ロシア正教では珍しく、カトリック風の列柱の回廊を持ち、上から見ると十字架の形をしているそうです。当初のロシア正教界には、この聖堂がカトリック似であることを嫌う人もいたそうです。ナポレオン軍を撃退した功労者である将軍がここに埋葬されています。ソ連時代には、他の多くの教会と同じく、ここは無神論博物館と化し、ソ連崩壊後に教会として復活したそうです。現在、ここはこの街におけるロシア正教の中心となっていて、人々の神聖なる祈りの場であるようです。

　この大聖堂のバラ園には噴水もあり、そこには珍しい鳥がいました。その美

211

しい幾何学的な羽模様を観ていると、特に信仰を持たない私でも、神の存在が信じられるような気持ちになりました。聖堂内に入ると、見学する人の姿よりも祈る人の姿の方が多く見られました。その祈る姿を見ていても、私は神の存在を感じました。どこの国でも、祈る姿は美しいものです。教会の女性スタッフが蝋燭の前に立つ光景も美しく、私は思わずシャッターを切ってしまいました。私の近くにいたスタッフはそれを黙認しましたし、ガイドブックには、フラッシュ禁止で撮影可となっていましたが、教会を出る時に、私は初めて撮影禁止のマークに気付きました。信仰心篤い信者の方々には失礼しました。

（カザン大聖堂です）

（教会のスタッフが蝋燭の汚れを
拭っている姿も美しいです）

ホテル付近：和やかなライブコンサート

　ホテルに戻る途中、大通りの中央をまっすぐに走る歩道で、ライブコンサートが行われていました。多くの人が音楽に合わせて踊り、音楽に耳を傾けていました。その人だかりにも、警察官や軍人の姿は見られませんでした。私に「仲間に入って一緒に踊れ」と勧める人もいました。少しの間、私はその場の雰囲気を楽しみました。

スーパー・マーケット：24時間営業

　ホテルに戻ると、スタッフに教えてもらった24時間営業のスーパーに行きました。私の海外旅行の楽しみの1つが、地元のスーパーを覗くことです。このマーケットでは、日用雑貨から生鮮食料品、土産物、たくさんの品揃えでした。また、猫グッズや猫の餌もたくさんありました。その中には私の興味を引く品もありましたが、ロシアからわざわざ猫グッズや猫の餌を持って帰るのも荷になりそうなので、それらを購入するのは諦めました。

　精肉の大きな塊を買う男性が幾人も見かけられました。男性も自分で調理するのかもしれません。可愛らしい姫リンゴもたくさん並んでいて、1個売り10ルーブル（約20円）でした。たくさんの種類のビスケットもあり、日本よりも少しだけ安いように思いました。トマトが美味しい時期とのことで、さまざまなトマトも揃っていました

ホテルのレストラン：夕食、ロシア名物料理

　ホテルのレストランで、それほど空腹ではないのに、「ロシア名物料理」と記されたメニューの中から、サラダと、赤カブシチューのボルシチを食べました。サラダは目に美しく、ボルシチは辛くはないのですが、味が濃く、美味しく食べました。料金は800ルーブル（約1600円）くらいでした。この街では、胃腸にもたれる料理は食べなかったように思います。

　土曜日の晩であったためか、ホテルの外から賑やかな音楽や歌声が聞こえてきました。音楽好きな人たちの街です。それでも、私は、昼間の活動量のおかげか、その音色を子守唄にして早めに眠りに就くことができました。

エルミタージュ美術館：現地人ガイド

　良く知られているように、ここは世界屈指の美術館で、その収蔵美術品は300万点を超えます。18世紀築バロック式宮殿の冬宮、小エルミタージュ、旧エル

ミタージュ、新エルミタージュの4棟が地下で繋がっています。

朝6時半頃に起きると、外は雨でした。ここの秋は雨の日が多いそうです。10時半に、ホテルのロビーで、私は現地人の美術館ガイドと待ち合わせをしました。彼女は流暢な英語と少しの日本語を話せました。彼女の幼稚園に通う3歳の息子も、英語に加えて、日本語を学んでいるそうでした。これも驚きでした。この日は日曜日なので、同じマンションの別の階に住んでいる、彼女の独居の母親にその子を任せているとのことでした。彼女も働くママさんです。

美術館が開く20分〜30分前に、私たちは美術館入口に着きました。入口にはすでに大勢の中国人団体客がいました。彼女も「中国人が大嫌い」とのことでした。その理由は、「中国人は美術館内で平気で物を食べるし、大声を発するし」等々でした。しかし、この美術館では、そのような中国人は見かけられませんでした。また、彼女が言うには、「琥珀美術館では、中国人は琥珀が大好きなので、馬鹿みたいに開館4時間以上前から並んで大騒ぎしている」と、中国人を軽蔑していました。私が日本人であるからかどうかは分かりませんが、「日本人は好きで、10月には大阪にいる友人に会いに行く」とのことでした。

彼女の話は続いて、「この国では日本語教育が盛んで、トヨタ、ニッサン、日本領事館は人気の就職先で、ユニクロは若者ならば誰もが知る企業」とのことでした。彼女はプーチン大統領の悪口も言っていました。「彼はマスコミ統制している。彼のせいでアメリカ人観光客がロシアに来ない」とのこと。確かに、この旅では、私はアメリカや韓国からの旅行客には1人も会いません。中国人、ドイツ人、フランス人の順で、多くの観光客がロシアを訪れるそうです。

彼女と料理の話もしました。私が昨日食べたサラダに入っていたイカの味が良かったので、それを伝えると、彼女は、「この街を流れるネヴァ川はバルト海に至り、そこのイカは美味しい」と言いました。そして、ホテル近くにある、地元の人に人気の、「カチューシャ」というロシア料理の店を教えてくれました。また、「エルミタージュ美術館の地下にはたくさんの猫が生息している」と言い

ました。美術館入館を待つ間に彼女が語ったそれらの話は、私には興味深いものでした。もちろん、その中には誤った情報や偏見も多少含まれるでしょうが。

　彼女と一緒に、私は4時間半～5時間ほど旧館と新館美術館の中を歩きました。ここでは不思議に疲れを感じませんでした。冬宮内は美しくて立派で、古い時代の宗教画も、スペイン、オランダ、イタリアの絵画も、魅力的な多くの作品がありました。時間が足りないので、旧館の古い絵を少し飛ばして、印象派以降の絵が展示されている新館に向かいました。

館内のカフェ：ランチ、常温のベリー・ジュース

　館内のカフェで、サンドイッチを食べながら、そのガイドに勧められたベリー・ジュースを飲みました。ロシアに着いてから、どこでもそうですが、冷えていない常温の飲物が出されます。寒い国ゆえでしょうか。健康上の配慮から多くの中国も冷たい物は飲まないと聞きますが、ロシア人も同様なのでしょうか。私は冷やしたジュースの方が美味しく飲めます。

新館：マティス、ゴーギャン、カンディンスキーの作品

　新館はかつての参謀本部を活用しているとのことですが、その内部はモダンな造りでした。冬宮の内部とは対照的で、その違いも面白かったです。新館では、ルノワール、セザンヌ、ドガ、マティス、ゴッホ、ゴーギャン、ピカソ、ロシア人画家カンディンスキー等の名画を見ることができました。幾つかの新たな発見もありました。

　この新館にはマティスとゴーギャンの良い絵が多く展示されていて、両者はロシア人が好む画家のように思われました。日本でも、国外でも、私はマティスの絵に親しんでいたはずなのに、今回は、私の印象が異なりました。その色と構図とモチーフの良さを今まで以上に感じました。また、これまで、私はゴーギャンの絵が好きではありませんでしたが、ここでは印象が異なりました。

民族性が伝わるモチーフと色で描かれる彼の絵も、私の心に残りました。

　また、これまで、私は抽象画の良さが全くと言って良いほど分かりませんでした。でも、ここでは、ロシア人画家カンディンスキーの抽象画が魅力的に思われました。ホテルで観た抽象画も心に残っています。その抽象画の色と構図とモチーフから生ずると思われる動きが、初めて私には素敵に思われました。

　展示されていた絵の中に、日本の七福神の布袋尊のオブジェを描いた絵もありました。ここで絵画以外にも教えられることがありました。その絵の英語のタイトルを見ると、その七福神の布袋尊は"god"ではなくて、"Buddha"となっていました。愚かなことに、私は、七福神は神であって仏ではないと思い込んでいました。その絵のタイトルに"Buddha"とあったので、気になって調べてみました。私の無知極まりないものでした。日本の宗教は神仏混合です。七福神の布袋尊は仏"Buddha"でした。

　ロシアの画家カジミール・マレーヴィチの『黒い正方形』という絵は大胆でした。一見すると、真っ黒な四角い画面のみの絵です。良く観ると、いろいろな黒が見えます。最近、私は絵を描いていて、黒という色の使い方が面白くなっています。黒は、それ自身でも、他の色との関わりでも、強い力を持っているように感じています。その黒1色とも思われる絵は気になる作品でした。

　絵の話から別の話題となります。この広い館内で、時間を空けて、私は日本人の同じ家族に偶然に2度出会いました。これまでの海外旅行では、私は必ずと言って良いほど、このような偶然を経験しています。人出の多い混雑する広い場所で、時間を置いてから、外国人でも日本人でも、再び同じ人に偶然出会って言葉を交わすという、有難くも不思議な体験です。今回は子連れの若い夫妻でした。彼らは在ドイツの日本人で、この国へは旅行中とのことでした。生後半年の赤ん坊をベビーカーに乗せて、3歳の女の子の手を引いていました。小さな子等はぐずることもなく、両親と一緒の長時間に渡っての美術館鑑賞です。将来、その子等も芸術を愛するようになることでしょう。

また、前記したように、この美術館の地下には多くの猫が生息しているそうです。この広い美術館で、たくさんの良い絵を見ていると、その猫たちのことも私の頭に浮かびました。長い年月に渡って、この美術館の地下に住まう猫たちは、ネズミが貴重な美術品や文化遺産を傷つけるのを防いできたのでしょう。猫は人間の文化芸術にとっても有難い生き物です。

（カラヴァッジオ作、私の好きな絵です）

（マティスの作品が多く展示されています）

（好きな絵ですが作者をメモし忘れました）

218

（ロシアの画家ワリシー・　　　　　　（アメリカのロックウェル・ケント

　カンディンスキーの抽象画です）　の版画です）

（ピカソのこの 2 作品は私の好きな絵です）

（ゴーギャンの作品です）

街中：再び書店散策

　美術館からホテルに戻っても、私は全く疲れを感じませんでした。合計 5 時間近く歩いていたはずなのに、それは不思議でした。少しだけ休憩してから、また旧シンガーミシンのロシア支社ビルを活用している書店に行きました。この店内散策も楽しいものでした。

カチューシャ：可愛らしい店

　夕飯を取るために、美術館でガイドをしてくれた女性お薦めの「カチューシャ」に入りました。店内は可愛らしい設えでした。可愛らしい花柄のワンピースを着ている店員も笑顔の受け答えでした。私が「写真を撮っても良いですか？」と訊くと、彼女はニコッとして"Me？"と言いました。私は店内だけの撮影のつもりでしたが、彼女の写真も撮りました。まるで本物のモデルのようでした。

　ガイドから聞いた「この時期のトマトとクランベリージュースがお薦め」という言葉から、トマトとモッツアレラチーズのサラダ、クランベリージュース、ボルシチ、食後にコーヒーとケーキを頼みました。料理が運ばれて来るのを待つ間、店内の内装を眺めていました。白壁に赤い刺繍が素敵でした。

ウサギ島：ペトロ・パヴロフスク要塞、テーマパーク

　18 世紀初頭に、スウェーデンに対抗して、ピョートル大帝がこの島に要塞を建設し、その後、その要塞は政治犯や思想犯の投獄の場ともなったそうです。最初の囚人はピョートル大帝の王子アレクセイで、父親の拷問を受けて牢獄で亡くなりました。父親の拷問で息子が亡くなるとは、人間は恐ろしい生き物でもあります。その後、ドストエフスキーもそこに投獄されたことがあるそうです。現在の「ウサギ島」は、聖堂と幾つもの展示館からなるテーマパークです。

ペトロ・パヴロフスク聖堂付近：写真撮影

　朝 5 時半頃に起きると、雲間から月が美しく輝いていました。朝食を取り、また嫌なタクシー運転手に会わないようにと、ホテルでタクシーを呼んでもらいました。タクシーが来ると、スタッフにロシア語で行先を伝えてもらいました。その運転手も中高年で英語が分からないようでした。結構長い距離を走ったように思いましたが、そのタクシー代は、最初の約束通りの 250 ルーブル（約 500 円）でした。ホテルで呼んでもらって良かったです。

「ウサギ島」の中に入りました。かつて、この島にはウサギが多く生息していたゆえに、「ウサギ島」という名がついたそうです。残念なことに、ここでは、私は生きているウサギに出会いませんでした。現在、その島にはウサギは生息していないようです。島のあちこちにウサギのオブジェだけがありました。

ペトロ・パヴロフスク聖堂に向かうと、大きな玄関前には、曇り空なのに、男女ともに真っ黒なサングラスをかけた派手な姿の中国人団体客が長い列を作っていました。私は時間を置いてから後で聖堂に入ろうと思い、その立派な外観の写真を撮ってから島内を散策することにしました。

私は、見ず知らずの人に自分の写真を撮ってくれるように頼むことが、他人の時間泥棒のような気がして嫌いなので、スマホで自撮りしようと試みました。でも、上手く撮ることができませんでした。すると、私の近くで写真を撮っていた若い中国人カップルがそれに気づき、私の写真を撮ってくれると、綺麗な英語で申し出てくれました。そのような申し出からも、中国人が以前とは変わってきていることを感じました。ところが、彼らが私のカメラの操作方法が良く分からずに手間取っていると、同じ集団の仲間に呼ばれました。すると、彼らは「時間がないので」と、カメラを私に返して駆け足で去って行きました。

数分後には、親切なイスラエル人夫婦が、聖堂をバックにして幾度も私の写真を撮ってくれました。作業用のトラクターが近づくと、「危ない！気を付けて」と知らせてくれました。その後、他の場所でも、私がひとり旅のせいか、私がカメラを持っているのを見ると、ロシア人の親子や、中国人の中年男性２人が、進んで私の写真を撮ってくれました。彼らは、皆、優しい顔をしていました。

ここから望める聖堂も、城塞内も、周囲のネヴァ川も、全て、実に美しい景色でした。ただ困ったことは、ショップとカフェを除く場所には、英語の標識がほとんどないことでした。

（聖堂の玄関付近です）

（要塞内の建物です）

蝋人形館：生きているような人形

　散策途中に、ガイドブックに載っていない蝋人形館を見つけました。人形好きの私には嬉しい館でした。入場料は 500 ルーブル（約 1000 円）でした。館内には親子の客が 1 組でした。そこにはロシア歴代の皇帝や偉人の蝋人形がずらりと並んでいました。その人形の生きた人間と見違えそうなリアルさに、私は鳥肌が立つほどでした。あるスタッフが長時間立ち通しで、全ての人形の瞳を愛おしいように丁寧に綿棒で磨いていました。彼も怠け者ではないようです。

　1 階はロシア革命以前の歴史上の人物、2 階はそれ以降の歴史上の人物で、レーニンとトルストイもいました。私は、学生時代には歴史という科目が嫌いでした。ところが、成人して旅をするようになってからは、歴史を自発的に学ぶ機会が増えました。ここでも、ほとんど知らないロシアの歴史を蝋人形を通

して少しだけでも学ぶことができました。しかも、人形そのものも美しかったので、この要塞の中で、この館は私が一番興味を覚えたものでした。ロシアの子等にとっても、この人形館は歴史の学びの場となっているのでしょう。

（ピョートル大帝 1682〜1725 と　　（アレクサンドルⅡ世 1818〜1881）

　エカテリーナⅠ世 1684〜1727）

（ニコライⅡ世（1868〜1918）と家族、ロシア革命によりロマノフ王朝の終焉）

（綿棒で人形の瞳のゴミを黙々と取っているスタッフです）

ショップ：プーチン大統領の写真、素敵な民芸品

　売店に入ると、目の前には大きなプーチン大統領の写真でした。店員に訊くと、国営ではなく民営の店でした。民営の店にも大統領の顔写真が掲げられています。店内には素敵な民芸品が揃っていました。出口では、私が頼みもしないのに、親切なロシア人親子が私とウサギ人形の写真を撮ってくれました。

園内のカフェ：美味しいピロシキとコロネ、懐かしいラジオ

　園内のカフェで簡単なランチを取りました。鶏肉のピロシキと生クリームコロネとコーヒーです。ピロシキは挽肉が詰まって塩気も丁度良く、コロネはクリームも皮も素材の味が生きていて、どちらも美味しく頂きました。店内の時代物のラジオから、「ロシアより愛を込めて」のパロデイが流れていました。その古めかしいラジオを見ていると、私の好きな歌手徳永英明氏の懐かしい曲『壊れかけのRadio』が浮かんできました。

聖堂への園内：小学生の集団

　社会科見学の小学生集団に出会いました。一生懸命に説明する先生の姿と、大人の引率者の数の多さが、私には印象的でした。現地の子育て女性の話からと、この子供たちの行動を垣間見ただけでは、子供らの間の「いじめ」はないように感じました。学校教育の充実した内容にプラスして、幼児期からなされるスポーツや芸術活動が盛んであること、子どもの教育に熱心な母親は忙しい有職者であること、そして、社会全体で子どもを大切に育てて見守ろうとする状況、これらが「いじめ」を生じ難くしている要因に思われます。

（子供たちの社会科見学です）（要塞からのネヴァ川の眺めです）

ペトロ・パブロフスク聖堂：歴代皇帝のお棺の列

　この聖堂は 20 年間かけて建築され、1733 年に完成したとのことです。鐘楼は 122mあり、ピョートル大帝以降の歴代の皇帝が埋葬される皇帝一族の墓所です。この島の散策の最後に、私はその聖堂に入りました。混雑しそうな時間帯を避けたためか、聖堂内にはそれほど多くの観光客はいませんでした。立派で美しい聖堂内部でした。亡き皇帝達や偉人達の立派なお棺が並んでいました。

船のレストラン：親切な現地人

　「ウサギ島」を出てから、ネヴァ川沿いを散策しました。歩いていると、大きな船がありました。レストランでした。面白そうなので船内に入りました。

225

ここで川岸を眺めながら、チョコレートケーキを食べてコーヒーを飲みました。ケーキは、チョコレートと香ばしいナッツの味が合っていて良い味で、コーヒーも美味しかったです。私が店員にホテルまでの帰り道を尋ねると、後でタクシーを呼んでくれるとのことでした。

　私が、タクシーが来たかどうかを見るために店外に立つと、店員が、「車が来たら知らせるので、それまで中でリラックスしているように」と笑顔で言いました。私がタクシーに乗ると、運転手は、英単語を並べて、「音楽は良いか？シューベルトは？」と言ったようで、私が"OK"と言うと、すぐに音楽が流れました。タクシーの中でシューベルトの曲とは、それは素敵なことです。

フォーク・ショウ：素晴らしい演技、多国籍の観客

　夜7時から宮殿でフォーク・ショウを見ました。ロシア民謡を歌うグループ、民族楽器を演奏するグループ、民族ダンスを踊るグループ、どれにも感激でした。ロシア人の身体能力、リズム感、色彩感覚、音楽性、それらが融合した優れた芸術性を感じました。

　私は日本語の語彙も少ないためか、思わず「凄い！」を連発してしまいました。隣の席にいたドイツ人集団の1人、私と同世代に見える男性は、年甲斐もなくか、歳ゆえにか、可愛らしいテディベアの刺繍の入ったセーターを着ていましたが、「凄い！」と、私の言葉を真似して連発していました。そのショウの合間に、彼は、「私たちはドイツ人です。貴女は日本人ですか？」と、綺麗な英語で話しかけてきました。私がそれに答えて、続けて、「ベルリンとケルンとデュッセルドルフには行ったことがあります。ベルリンにもまた行きたいです」と言うと、彼は満面の笑顔でした。中国人観光客も多いようでしたが、彼らは行儀良くショウを楽しんでいました。互いに犬猿の仲とされることの多いドイツ人とロシア人、彼らに軽蔑されている中国人、日本人の私、皆、国籍には関係なく、ロシア人の民族芸術に触れて、1つになって楽しめたように思います。改

めて芸術の力は「凄い！」と感じる３時間でした。フォーク・ショウの休憩時間にスナックと飲物が出たのですが、私は口にすることができませんでした。その時、私は、舞台で見られた美しいショールとロシア民謡のＣＤ売り場にくぎ付けになっていたからです。

ホテルのレストラン：美味しいイタリアン

ホテルに戻ると、午後10時を過ぎていましたが、私は空腹感を覚えたので、レストランを覗くと、ここはまだ開いていました。ロシアではイタリアンも美味しいと聞いていたので、カルボナーラとトマトとチーズ・サラダを食べました。実際、これも美味しくて、お腹にもたれないのが不思議でした。

帰国の朝のホテルの食堂：日本人親子

昼頃にチェックアウトの予定でした。ホテルの朝食も最後です。スクランブル・エッグ、サラミ、サーモン、ブロッコリーの茎、プチトマト、黒パン、チョコレートウエハース、どれも、香りも味も歯ごたえも良いものでした。

朝食の時、近くのテーブルに日本人親子を見かけました。母親と息子です。母親は私よりも20歳ほど若いようでした。25年ほど前に、私は、当時大学生だった息子と２人で英国を冒険旅行したことがあります。その光景と重なりました。当時すでに私以上に気配りと行動力があり、私を遥かに超える英語力を備えていた息子が、そのまさに「冒険旅行」の最中に、「お母さんは、歳とってからでも、外国でも、ひとりで暮らせる生活能力があるね」と、私を褒めてくれたことが、懐かしく思い出されました。

「イサク大聖堂に行こう」という、その日本人親子の話声が聞こえました。私にはこの旅で行き残した所が幾つもあります。イサク大聖堂もその１つです。チェックアウト前にそこに行こうかどうか迷いましたが、昼頃にはホテルを出なくてはならないので、機会があれば次回に延ばそうと決心して、ホテル付近

を散歩することにしました。

ホテル近くの街中：猫、白いヴァイオリンケース、開いていたルーテル教会

　この旅の最後の散歩でした。街路にまた猫が幾匹かいました。その1匹はトヨタ車の横にいました。白いバイオリンケースを持った若者が、私と同じように、「ミャーヲ」と猫に声をかけました。この街では白いバイオリンケースを抱えている人を多く見ました。白いケースが流行っているのでしょう。また、太陽と後光のイメージでウィンドウ作りしている店も印象的でした。

　ホテル近くにあるルーテル教会の前を歩くたびに、私はその内部を覗きたかったのですが、毎回それは叶いませんでした。この日は、その扉が開いていました。ついに教会内に入れました。内部はそれなりに立派でしたが、ロシア正教の聖堂内と比べると遥かに質素でした。多くの椅子が並んでいました。この椅子の列もロシア正教の聖堂にはありません。また、これもロシア正教の聖堂には見られない、十字架上のイエスがありました。そのイエスは、私の心にも痛々しい姿でした。

ホテルから空港：トヨタ、イッセイ・ミヤケ

　渋滞に会いながら飛行場に向かう車の車窓からトヨタ工場が見えました。トヨタも日本の誇りの一つです。

228

空港に着くと、空港の免税店にはイッセイ・ミヤケの男性用香水が並んでいました。このブランドも海外ではよく目にします。これも日本の誇りです。この構内では、吠える大きな犬が特大のケージに入れられている光景もあり、それは私には印象的でした。飼い主に同伴の旅のようです。構内の壁には、ネヴァ川の美しい景色とサッカーの大きなポスターが貼られていました。どちらもこの街の誇りなのでしょう。また、ここにはゴミの分別箱が並んでいました。街中では、グレーの分厚いコンクリート製の１箱でした。それでも、街中にはゴミが見られない不思議な状況でした。飛行場で見たしっかりと分別されたゴミ箱にも、国際化が進むロシアの一端が象徴されているように感じました。

帰路の機内：また中国人

　帰路の乗換のモスクワ飛行場までの機内では、来る時と同様に、中国人観光客が多く乗っていました。見るつもりはなかったのですが、私の行儀の悪い覗き見趣味です。私の前席にいた中国人中年女性３名は元気そうで、離陸時から着陸時までの１時間半も、途切れることなくスナック菓子を食べながら、アイパッドを使用し続けていました。その間、しきりに、スチュワーデスに携帯ポットを渡しては、「ティー」と次々に言い続けていました。スナック菓子に喉が渇いたのでしょう。

　モスクワの飛行場での乗換えには手間取りませんでした。モスクワから成田までの機内は満席でした。この乗客の約１０分の１が日本人で、その他は全てロシア人のようでした。日本に来るロシア人の多さに驚きました。ラグビーのワールドカップが近く開催されるからかと思いました。Japan Forbes 情報では、「ロシアから日本を訪れる観光客が増えている。2018 年の訪日ロシア人数は、前年比 22.7％増の９万 4800 人（日本政府観光局）で、欧米諸国の中では伸び率がいちばん高かった」とのことです。日本とロシアの双方が、お互いに対する偏見をなくして、日本はロシアとも親しい関係を育めたら良いと思います。

午前 10 時半に成田に着きました。空港内には、日本料理と、日本各地の観光地と、任天堂と資生堂のコマーシャル、これらの大きなポスターがありました。日本の誇りなのでしょう。

日本画 F20 号『ロシアの思い出』著者作

油絵 F50 号『雪椿』著者作

極東ロシア

ウラジオストック、ハバロフスク

2019 年 12 月〜2020 年 1 月

　新型コロナ禍が始まる直前の 2020 年初頭、シベリア鉄道で繋ぐ極東 2 都市、ウラジオストックとハバロフスクへ 4 日間の旅をしました。日本とは地理的には近く、文化面と政治面では遠そうな、さまざまな噂を聞いていた極東ロシアに行くことは私のかねてからの念願でした。

　いつものように、個人旅行のひとり旅を計画していました。ところが、私の身を案じる有難い知人たちの、「真冬の極東ははなはだしく寒く、健康や足元が危険、事故や怪我でもしたら」、「極東はひとり旅するのは危ない地域」という助言に押されて、結局、ツアー参加となりました。ツアー参加というのは良い点もありますが、我儘な私にとっては避けるべきものだったと思います。

成田エクスプレス：ある本との偶然の出会い

　成田エクスプレス品川発 9 時頃の予定でした。品川駅に予定の 1 時間ほど早く着きました。これは私が旅に発つ時のいつもの癖です。ネット予約していた電車のチケットを受け取った後で、駅構内のカフェに入りました。古めかしくて懐かしさを感じさせる白いタイル製のテーブルが目に入りました。その白色と古めかしさとが、古き雪国に向かう私の旅心を刺激したのでしょう。私はカメラのシャッターを切りました。そのカッシャというシャッター音が私の心を開いたようでした。急に明るい気分になりました。

　成田エクスプレスに乗る前に、これも、いつもの旅の時のように、昔懐かしい絵が表紙となっている、『週刊文春』を購入しました。電車の中で、その雑誌を捲っていると、私の目に、『女たちのシベリア抑留』という本のタイトルが飛び込んできました。旅の目的地である「シベリア」という言葉に私の目は引か

231

れたのでしょう。

　成田空港の第 1 ターミナル出発ロビー一階に着くなり、私は書店を探しました。書店に入ると、運良く、そこで私を待っていたかのように、『女たちのシベリア抑留』は 1 冊ありました。

　手荷物検査を受けて出国手続きを終えると、私は、搭乗ゲート付近の椅子に座ってその本を読み始めました。ハバロフスクからウラジオストックまでは、第二次世界大戦の日本人捕虜がシベリア各地の収容所から送られた場所であり、そこには看護婦として徴兵された女性たちも送られ、その冬場の極寒の地で労働と飢えに苦しみ凍え死にした人が多いとの実録が、そこに記されていました。

　2020 年の 1 月に、私は「平和」を享受しながら、その地へ発とうとしているのでした。その本を読み始めるとすぐに、自分の呑気さが恥ずかしくも思われ、その本との偶然の出会いによって、それらの亡き人々が私に何か大事なことを伝えているような気がしました。

ウラジオストックまでの機内：たった 2 時間半

　ウラジオストックまでの飛行時間はたった 2 時間半で、日本との時差も 1 時間です。そこが日本とは実に近い場所であることを実感しました。機内では、私の席近くに若い日本人夫婦が居合わせました。他には、着膨れした私を含めた日本人と、着膨れした中国人と韓国人、そして、半袖姿のロシア人でした。

　簡単な機内食が提供されました。サンドイッチとジュースでした。サンドイッチは、薄味のチキンとマッシュルームとチーズに、塩気の効いたキュウリが功を奏しているようでした。質素な軽食でしたが、美味しく食べることができました。

ウラジオストック空港：予想に反する気温

　飛行機を降りると、予想に反してさほど寒さを感じませんでした。昨日、一

昨日と雪が降ったようですが、そこは綺麗に雪掻きされていて、遠くの山並みにも積雪はほとんど見られませんでした。「こんなに暖かいのならば、足元も危険ではないし、ツアーなどに参加しなければ良かった」と、最初の後悔です。

　私は、飛行場内の美しい夕日の光景をカメラに収めようとしましたが、空港の女性スタッフに止められたので、それを諦めて、移動用のバスに乗り込みました。バスの中では、私の近くに立っていた日本観光旅行帰りのロシア人女性が、にこやかに英語で私に話しかけてきました。「日本と違って寒いでしょう。外では帽子を被った方が良いですよ」と親切に言いました。彼女はライオンの鬣のような毛の付いた帽子を被っていました。

ホテルまでのバス：現地人から得られたウラジオストック情報

　飛行場内で、私のツアー参加者全員が集まって、ホテルまでのバスに乗り込みました。いつもの個人旅行では、飛行場からホテルまではタクシーなので、今回のそれは安上がりで便利でした。車内では、現地人のガイドからウラジオストックに関する有難い多くの情報が得られました。それも勉強になりました。

　ロシア人ガイドの話では、ウラジオストックでも、近年は、温暖化の影響を受けて、辺りの海は真冬でも氷と水が半々の状況だそうです。冬にはワカサギとニシンが美味しく、ワカサギは日本のものよりも大きいようです。ウラジオストックの郊外にはソ連時代からの工場と別荘が多く、ほとんどの市民が別荘を所有しており、その別荘所有は贅沢ではなくて、自給自足の畑作りのためとのことです。また、興味深いことには、この国はユリウス暦の旧カレンダーに従っていて、クリスマスは1月7日で、1月13日が旧正月とのことです。また、車窓から見えたその工場地帯には、「YAMAHA」と大きく記された看板が見られました。車窓から見えた日没直後の広大な雪景色は実に美しかったです。

233

滞在したホテル：アムール川近辺、この旅最後の美味しい食事

　アムール川沿いのホテルに着くと、そこのレストランで私は夕食を取りました。夕食は美味しかったです。この旅の満足出来る食事は、これが最後となりました。どれも量が多くて、新鮮な温海鮮サラダ、キノコスープ、パンケーキ、スプライト、コーヒー、計 1300 ロシアン・ルーブル（約 3000 円）でした。美味しく食べましたが、値段が少しだけ高く思われました。

　自分の部屋に入って、テレビをつけると、サンクトペテルブルグでも同様でしたが、子供向け番組の Kapycenb が放映されていました。美しい色彩のさまざまな動物や植物が出てきます。ロシア語が全く分からない私でも、それは観ていて楽しい番組です。ロシアでは伝統的な番組のようです。床に就く前に携帯とカメラに充電しました。寒さはカメラの電池を早く消耗させるので、私は 3 個持参したバッテリーを充電しました。

ホテルのレストラン：晴天の朝、朝食

　朝起きると、外は真っ暗で、気温は零下 10℃くらいでした。朝食時にレストランに入ると、半袖のロシア人がいました。朝食は美味しくなかったです。たぶん、これまでの海外旅行の朝食の中で最も不味い食事だったと思います。それはツアーゆえのことと思いました。

　部屋に戻ってから、テレビを付けると、また子供向けの Kapycenb が放映されていました。幾度見ても飽きません。数十年に渡って、ロシアのほとんどの子等はこの番組を観て育ったのでしょう。それは、子等を動物や植物好きで大自然に畏怖の念を抱く人間に育てる、という意図で制作された番組でしょう。

貿易港までのバス：ソ連時代のマンション、日本の中古車、凍りついた海辺

　バスでホテルから貿易港に向かいました。途中で、この街の象徴の 1 つである虎、体長 3m もある虎が生息していたとされる、「虎の丘」を走り抜けました。

その車窓からは、1960 年代〜1970 年代に国から国民に無料で与えられたとい
うマンションが多く見かけられました。スターリン時代のものは個々の部屋の
広さが 120 ㎡程度で天井は高く、フルシチョフ時代とブレジネフ時代のものは
50 ㎡で狭いとのことです。現在は、それらは自由に売買されるそうです。また、
道路を走る自動車の 99％は中古の日本車とのことでした。これも驚きでした。

　凍った海辺は青空に美しく輝いていました。幾頭もの立派な犬が飼い主と一
緒に散歩中でした。この旅行前には、「極東は狂犬病を持つ野生の犬が多いので、
噛まれぬように」と注意されていましたが、旅の最中、野放しの犬は 1 頭も見
かけられませんでした。また、極東地区の真冬マダニ情報も聞いていましたが、
現地の人に話すと、「何十年と、これまでそんな話は 1 度も聞いたことがない」
と一笑されました。同じ極東でも地区によるのかもしれませんし、極東地域の
状況も変化しているのでしょう。日本国内では、ロシア連邦と極東ロシアの古
い時代の噂話も流布しているようです。

ウラジオストック駅：予行演習訪問、手荷物検査

　参加したツアーの、翌日のための予行演習とのことで、小、中学生集団のよ
うにウラジオストック駅の下見をしました。駅舎の建物はソ連崩壊後に復元さ
れたものでした。そこに入るだけでも、飛行場と同じような手荷物検査を受け
る必要がありました。駅前の広場には高さ 30ｍの大きなレーニン像がありまし
た。

（犬の散歩をする男女です）

（レーニン像です）

（塀の絵が美しいです）　（旅情を掻き立てられるホームの光景です）

潜水艦C−56博物館：戦時一色

　館内は戦時一色なので、私はあまり興味が湧かずに心身に疲れを感じました。湾には軍艦が幾つも見られ、驚くほど大きな大砲音が正午を知らせました。

ニコライ二世凱旋門：市民力

　美しい凱旋門も、駅舎と同じく、ソ連崩壊後にビジネスで成功した市民の力で復元されたとのことです。

中央広場：人々の楽しそうな場

　かつての「森の公園」を、ロシア革命後に「レーニン広場」に変え、ソ連崩壊後に「中央広場」に改名したそうです。同じ公園の名称にも歴史があります。

一面に広がる雪の上に、色鮮やかな子供の遊び場と巨大クリスマスツリーと干支のネズミのオブジェがありました。ロシアの干支は日本のものと同じです。それは私には初耳で驚きでした。その干支の起源は中国ですが。

また、玄関に大きなマトリョーシカの絵が描かれている土産物店があり、そのレジには、賢そうな顔の、人慣れした猫が店番をしていました。ロシアでも「招き猫」なのでしょう。広場にあるアンドレイ教会も美しい建物でした。

（ニコライ二世凱旋門です）　（アンドレイ教会も美しいです）

（中央広場のカラフル遊具です）　　　　（売店です）

（店番猫です）

旧横浜正金銀行：親しみのある名称

　横浜正金銀行という名は私にも懐かしい響きがあるものです。鬼籍に入っている、今生きているとしたら100歳を越える、私の知人や親族が関わっていた銀行です。ここは歴史の匂いが漂う場でした。ロシア国旗が青空にはためいていました。時は流れました。

（旧横浜正金銀行の玄関です。現在はロシア政府関連施設となっています）

街中のレストラン：野菜だけのようなロシア料理

　旧横浜正金銀行から徒歩5分ほどの所にあるレストランで、私たちは昼食を取りました。歩いている時、晴天なのに空から雪が降ってきました。見上げると、屋根での元気な雪かきでした。料理はサラダとボルシチとキャベツのピロシキとペリメニでしたが、どれも野菜だけのようで美味しくなかったです。私は良質なたんぱく質摂取の必要を感じて、美味しい肉や魚やチーズを食べたくなりました。それは私もまだ元気であることの証拠かもしれません。

与謝野晶子記念碑：仏像

　旧日本人街にある日本語学校施設の前には、与謝野晶子の記念碑と仏像がありました。「詩人与謝野晶子は、1912年に、パリにいた夫鉄幹に会いにいくためにウラジオストクを経由しシベリア鉄道に乗り込んだ」とされ、彼女の夫への

篤い思いが詠まれた歌が刻まれていました。シベリア鉄道は、「シベリア抑留」を思わせるだけでなく、かつての日本人のロマンとエネルギーをも感じさせるものです。その記念碑のすぐ近くに仏像があり、これも私には驚きでした。仏像も日本の文化の象徴なのでしょう。

（かつてのウラジオストック国立大学の建物で、　　（仏像です）
　現在は日本語教育関係の施設とのことです）

ボクロフスキー聖堂：美しいイコン

　この聖堂内に入る前に、現地人ガイドに改めてロシア正教について教えられました。「聖堂内では、男性は帽子をとり、女性は帽子を被ったままで髪を隠す。十字を切る時の順序は上下に右左の順で、ローマ・カトリックの左右とは異なるが、その違いには大した意味がない。平均的なロシア人が教会で礼拝をする機会は年に2回くらい。ただし、ほとんどの子が1歳から3歳の間に病気を避けるために洗礼を受ける。その場合は、その子の両親は、長い期間の懺悔を経てから、3時間に及ぶミサを立ったまま受けなくてはならない。ソ連時代には6万ものロシア正教の教会が破壊され、残された教会は古くて大きな教会のみであり、例外として残された小さい教会は、モスクワにあるプーシキン関連のものだけ」とのことです。勉強になりました。

　この聖堂内には黄金に輝く美しいイコンが多く納められ、人々が祈るために

そこを訪れていました。夕日に輝く聖堂の屋根が印象的でした。その玉葱型の屋根は、祈りに捧げられる蝋燭の灯を真似て造られているとのことでした。前回のロシア旅行でも、今回も、ロシア正教の聖堂内では、真剣な眼差しで蝋燭を灯す人や蝋燭の場を丁寧に掃除している教会スタッフを幾人も見かけました。他の宗教でも同様の光景が見られると思います。蝋燭の灯は、宗教や宗派を超えて、人の心を照らす祈りの象徴なのでしょう。内部撮影は可でした。

（静かに祈る人の姿とイコンの美しさが印象的な聖堂内部です）

ルースキー島：大規模な国立大学

　市街地から直径 97 ｋ ｍもあるというこの島までは、かつてはフェリーで、現在は立派な橋を渡って自動車で 25 分間走ると着きます。ここには、最近、市内から大きな国立大学が移転してきたために、「大学島」のようであるとのことでした。周辺の海は真っ白に凍っていて、その上でワカサギ釣りがなされていました。すでに廃墟となった木造のフェリー乗り場が寂しげでした。「付近では外

側が黒いウニも採れるが、それは海の掃除をする働きがあるので、ロシア人は食用にはしない」とのこと。ロシア人ガイドは、「中国人と韓国人はそれを好んで食べるせいで採り過ぎる。それは自然環境のために良くない」と批判していました。ここでも中国人と韓国人は嫌われ者でした。極東には韓国人観光客も多いようでしたが。

（ワカサギ釣りする人が点です）（鄙びた廃墟のような木製小屋です）

スーパー・マーケット：親切な現地人

　ツアーの自由行動時間に、私は大きなスーパー・マーケットに寄りました。サンクトペテルブルグとは異なり、ほとんどの店員は英語が分かりませんでした。私がスタッフに、英語で、「この土地ならではのチョコレートはどこか？」訊いていると、付近にいた若い男性客がそれに即座に反応して、"Oh，Local Chocolate"と言いながら笑顔での案内でした。向かったコーナーには、ホタテや海藻や塩やクラゲの入った珍しいチョコレートが並んでいました。

　私は、好奇心から、生花や家電コーナーも覗きました。バラの花にしても、テレビにしても、値段は日本のそれより少し安いようでした。それでも、ロシア国民の賃金や年金の額が日本に比べて低いので、それらは一般庶民にとって比較的高価な商品なのでしょう。

海近くのレストラン：美しい海辺の景色、不味い夕食

　海の夕景は美しかったです。夕飯はカニ料理でしたが、1脚口にすると不味く

241

て、私はお腹を壊すことを危惧して食べ続けるのを止めました。塩辛いキノコスープとデザートだけで済ました。新鮮で美味しいカニを食べたかったです。

（海も人も美しいです）　　　（不味くて食べられなかった蟹です）

シベリア鉄道：ウラジオストック発の夜行列車

　待望のシベリア鉄道の旅でしたが、夜行列車だったのが残念でした。車窓からの眺めをあまり楽しむことができませんでした。午後9時頃にウラジオストックを出発しました。車室には2段ベッドが2つあり、そこに1人でだったので落ち着けました。真冬のマダニはいそうもない清潔な部屋でした。ベッドを下ろして横になると、ガタゴト、ガタゴトと、振動して眠れそうもないかなと思いましたが、それも子守唄となったようです。夜の雪景色を写真に撮ろうとしましたが、カメラよりもスマホ携帯の方が撮りやすく、携帯を窓にピタッとつけると夜景が撮れました。ハバロフスクまでは約800kmの11時間の旅でした。

ハバロフスク駅：零下 15℃

　この駅に着く直前に、空が白々として来ました。粉雪が舞っていました。ここはウラジオストックよりも寒いようでしたが、駅で待ち合わせたロシア人ガイドに言わせると、「今日は良い天気です」とのこと。良いお天気とは！ここでは、「冬の晴天は酷く寒い、吹雪も寒い、したがって粉雪程度が一番良い天気」とのこと。それでも、ウラジオストックでも、この街でも、私は寒さを感じませんでした。愛用しているヒートテック下着の効果が大でした。

　駅構内で、大きな秋田犬を抱いて階段を上がる女性を見かけました。プーチン大統領の愛犬も、サギトワの愛犬も秋田犬です。この種の犬はロシアでは人気のようです。秋田犬は寒さと猫に適応できるからだそうです。ロシア人は寒さの中で暮らすので、愛猫家が多いそうです。今年の干支はネズミです。私も猫好きですが、猫好きにとってのネズミ年はどのようになるのでしょうか。

　ロシア人ガイドから、アムール川沿いにあるこの街は、かつては原住民が僅かに暮らす場所で、1858 年にロシア人が要塞を設けて現在に至り、シベリア開発に功績を上げたハバロフに因んで名を付けられた、等々を知らされました。

（ハバロフスク駅のホームです）　　（構内に秋田犬を抱いた人です）

映画館：子供の教育に熱心な国柄が伝わる設備

　朝食を映画館併設のカフェで取りました。映画館には、子供向け映画のポスターが貼られ、子供向けの遊び場があり、子供たちの描いた絵画が展示されていました。その様子からも、子供の教育に熱心なロシアの国柄が伝わってきました。この映画館前の大通りには宮崎駿氏の似顔絵のポスターが見かけられ、ロシアでも、日本の宮崎アニメは人気があることが想像できました。

ウスペンスキー教会：職業軍人の祈る姿

　この教会はロシア革命で壊され、ソ連崩壊後に復元された教会の1つです。帝国時代はその高さが25mあり、ソ連崩壊後に復元されて、高さ50mの教会となりました。ロシア革命後約70年間、ロシア正教徒は隠れキリシタンとなり、ソ連崩壊後にフルシチョフの謝罪とともに各地に教会が復元されたようです。

　教会に入る前に、またロシア人ガイドからロシア正教について知らされました。「現在、この市内には10の教会があり、ミサの音楽はアカペラで、椅子がなく立ち席である。神学校は大学の一種で、音楽、イコン制作、神学に分かれる。教会の屋根の数は、田舎の小さな教会は1つ、都会の大きな教会は5つで、それはイエスと4人の使徒を暗示する」とのこと。これも勉強になりました。

　撮影禁止のこの聖堂内には、多くのイコンが黄金に輝いていました。緑色の軍服を着た、揃って背の高い男性集団が訪れました。現在、この教会には、約1か月間、軍人を護る聖人のイコンが巡回中とのことでした。その男性集団は職業軍人で、休日を利用して、そのイコンに祈りを捧げるために来たそうです。彼らは、皆、立派そうな容姿で、真面目な顔をして祈っていました。

　ガイドの話では、「ロシアの職業軍人は給与も待遇面でも良い職業とされているけれども、自由に海外旅行は出来ない」とのことでした。前回のロシアの旅では、「ロシアの軍人は仕事が大変なので家庭崩壊しやすい」という話を聞いていましたが、良いだけではなくて大変な面もあるのは当然だと思いました。

私は軍に関することは嫌いですが、そこで目にした軍人の顔も体格も揃って立派なので、日本の男性が心配になりました。以前、ドイツで、真面目に働く若者たちの顔と姿を見た時に、私は日本の若者と日本の将来が心配になりましたし、韓国でも同様でしたが、ここでも同じような不安感を覚えました。

展望台：広大なアムール川、小さな人間

　近くの展望台からアムール川を見ました。それは海のように広くて真っ白に凍っていました。その凍った川面を歩く3人の人間が小さな3つの点に見えました。大自然の中では人間は実に小さな存在です。

（アムール川の上を歩く3人の姿です）（凍った海のようなアムール川です）

（雪を被った大砲です）　　（プレオプラジェンスキー教会です）

自由市場：ロシアの香り漂う広いマーケット

　自由行動でこの自由市場を見学しました。マーケット見学は、美術館見学と

同様に、私の旅の大きな楽しみです。ここは室内と室外に分かれていました。建物の中の大きなマーケットでは、精肉コーナーが広い面積を占め、かつ商品も豊富でした。それなのに、なぜ今回のツアーでは美味しい肉を食べる機会がなかったのか、何やら恨めしく思いました。品揃え豊かな蜂蜜店やサーモン店や紅茶店があり、果物店の大きなザクロも目に付きました。先日、日本の寺の住職に、仏教でのザクロの象徴について教えてもらう機会がありました。「ザクロは人と似た匂いがするので、人に代わって鬼に食わせる」とのことでした。キリスト教文化では、ザクロは鬼に食わせる果物ではなくて、人の「再生と不死」を象徴する、めでたい果物のようです。それにしても、ザクロは、栄養価だけでなくて、あの姿ゆえに、宗教的象徴性を持つのかもしれません。

　そのマーケットは外に続いていました。乾物店には、脱穀されていない稲も売られ、手編みの店には、伝統的編み物の手袋と靴下とスカーフも並んでいました。ここもロシアの香り漂う市場でした。

日本人墓地：記念碑、造花

　バスに乗って日本人抑留者が祀られている墓地に向かいました。『女たちのシベリア抑留』との出会いの後、これも偶然に、ツアーの時間的都合で、私たちは急遽その墓地を訪れることになったのです。

　日本人墓地はロシア人墓地の一角にあり、この市と日本領事館に管理されていました。その共同管理も平和ゆえのことと思われます。個々のお墓は雪に埋もれていましたが、小さな記念碑のみが見えました。墓地の入口にある花屋の店頭には、造花が多く並べられていました。冬は極寒で夏は暑い土地柄か、葬儀時以外の墓参りには造花が供えられるのが普通だそうです。日本での墓参では、私は生花を供えますが、最近は造花を供える人も増えているようです。

　ロシアでは、5、6年前までは全て土葬で、それ以降は火葬も許されるようですが、遺骨は土に返すべきとの考えが強いようです。当時300あった日本人遺

骨は、約 200 は返還され、現在は約 130 がそこに祀られています。極寒の中で亡くなった日本人が雪の中に埋まっているかと思うと、私の胸も痛みました。

　私は、花屋で生花の白いカーネーションを一輪購入して、祈りながら、それを記念碑の前に置きました。彼らが、現在のロシアと日本の友好の礎となって、そこに眠っているようにも思われて、平和の有難さを実感したひと時でした。

　ロシアは旧暦使用なので、1 月 13 日が正月休み明けとのことで、幾人ものロシア人が墓参りに訪れていました。全ての墓石には、文字だけではなくて、亡くなった人の顔が写真を元にして刻まれていました。それは素敵なことです。

（造花が色鮮やかです）　　　（日本人墓地の記念碑です）

レーニン広場：氷の彫刻

　ここでは、氷の彫刻が多く造られていて、楽しげな光景が見られました。氷の滑り台で元気に遊ぶ子等の姿にも、私は平和の有難さを実感しました。

レストラン：ビーフが入っていないようなビーフ・ストロガノフ

　昼食の前に、ロシア人ガイドから、この国民の一般的な食事状況について知らされました。「ロシア人は、午後1時から2までの昼食時には、必ずスープを食べ、夕飯はサラダと肉だけか、サラダと魚だけで、後は、紅茶とデザート」とのこと。お酒好きだけでなくて、甘いもの好きなロシア人も多いようです。

　私たちの昼食は、サラダ、ジャガイモスープ、ビーフ・ストロガノフ、デザートでした。デザートの味付けだけは良かったです。ここでも、ビーフが入っているとは思われないようなビーフ・ストロガノフでした。安価なツアー事情か、極東の食事情か、良くは分かりませんが、このツアーで訪れるどこのレストランでも、魚と肉の味を楽しむことはできませんでした。普段、日本で、私は高級な魚や肉を決して食べてはいないはずなのですが。

ホテル付近：ひとり歩き、中華料理店の大きな写真

　昼食後に、ホテル付近をひとりで自由に散策できました。この街も坂が多いためか、良い景色が望めました。途中で見かけた中華料理店の玄関には、ロシアの大統領と中国の最高指導者の写真が仲良く大きく掲げられていました。

フォークロア・ショウ：ロシア民謡と踊り

　ホテルから歩いて5分ほどのレストランで、フォークロア・ショウを見ながらの夕食でした。ロシア民謡と踊りをたっぷり楽しむことができました。

ハバロフスク空港：ロシア人スタッフ、ツアーの日本人スタッフの言葉

　朝起きると、私は、またテレビを付けてあの子供番組を観て、昨夜受け取っていた朝食のリンゴだけ食べて、帰りの荷造りをしました。その後、ツアー仲間と一緒にロビーに集まって、ハバロフスク空港に向かうバスに乗り込みました。

空港内は静かでした。出国手続きのロシア人スタッフは1人でした。搭乗者は私たちツアーだけのようでした。そのような状況では、私には、空港のスタッフが1人であることは当然に思われました。ところが、私のツアーの日本人スタッフは、その空港のスタッフ1人であることに対して、あくまでも個人的見解と付け足しながら、「ロシア人は、習慣で、一生懸命働いてもそうでなくても賃金は同じという考えを持っているので、怠け者」と2度言いました。「個人的見解」と言っても、それは私には驚きの発言でした。海外で長い間仕事をしているスタッフの口から、某巨大旅行社の日本人スタッフの口から、そのような言葉が聞かれのは情けないことでした。皮肉なことに、ロシア人ガイドと比べると、彼女は仕事熱心ではありませんでした。

（昨年新たに開港したばかりのハバロフスク国際空港です）

成田空港着：親切な両替スタッフ

　約1時間20分の飛行でウラジオストックの空港に着き、成田に向かう飛行機に乗り換えました。乗換後、約2時間15分の飛行で成田に着きました。成田空港内で、ロシアン・ルーブルが残っていたので、私はそれを円に両替をしようとしました。親切なスタッフに両替を止められました。「次回に海外で両替した方が良いです」との忠告でした。これまた、自分の無知にびっくりでした。円からルーブルへのレートと、ルーブルから円へのレートが、ずいぶん異なって

いました。その時、行きは1ルーブル＝2.5円、帰りは1ルーブル＝0.9円でした。

　「極寒の地だから」、「危険な国だから」等々の、私の身の安全を気遣った有難い忠告に従っての初めてのツアー参加でした。現地人ガイドの説明が聞ける点、バスで多くの名所旧跡を短時間で回れる点、これらは良いことです。それ以上に、マイナス面が大きいように思われます。バスやガイドを頼りにして旅先を安易に回れるために、現地の地理が脳裏に刻まれず、加えて、現地の人々との関わりも乏しくなります。しかも、ツアーによるのかもしれませんが、好きな食事が取れませんし、好きに美術館を巡ることもできません。有難い情報と良い思い出も得られましたが、ツアーはこれを最後にしたいと思う旅でした。これから私も老いと死に向かう日々です。その中にあっても、ひとり旅できるだけの体力と気力を持ち続けたいと願う旅でもありました。

（この旅の最後に見た極東ロシアの山並みが美しいです）　　　　　　日本画F20号『ユキヒョウ』著者作

250

あとがき

　旅先にいて、無心になって自然と街と人を見る。そこには五感を通しての驚きと感動が生じます。それまで親しんだ世界とは異なるものへの驚きと感動、異なる世界と自己の世界に共通するものへの驚きと感動、そして「時」に対する驚きと感動が生じます。これらの驚きと感動が旅で得られる大きな喜びです。

　異なる世界での驚きと感動から、その世界をより良く知りたいという欲求が起こります。それを知ることは、その異なる世界への敬意に繋がります。

　旅にあっては、異なる世界に生きるさまざまな人間が、共通して、大自然の中では小さな存在であることも実感します。また、どの国にいても、その小さな存在である人間の祈る姿、死を悼む姿、芸術と大自然と動物を愛する姿、他者を思い遣る姿、それらに触れて、人間に共通する美しさを感じます。その人間に共通する美しさは、人間に共通する偉大さでもあります。そして、人間の美しさと偉大さを感じることは、人間信頼に繋がります。

　また、旅にあっては、書物を通して歴史を学ぶ以上に、「時」を実感できます。有限なる自分自身の「時」、刻々と急速に流れる現代社会の「時」、そして、それら２つの「時」を超えて、文化芸術遺産に見られる永く変わらぬ「時」、それら３つの「時」を感じることができます。それを感じることで、現代を生きる私たちは、人間にとって何か大切なことを知らされるように思われます。

　最近は、新型コロナ禍もあってか、多民族国家における民族間の争い、さまざまな国での民族主義と反民族主義の対立、また、国と国との対立も激しさを増しています。世界中の人々が、自他を良く知り、お互いに敬意を払うことによって、また、前記した３つの時を認識することで、それらの対立は回避されやすくなるように思われます。より良きアフターコロナの平和な世界を願って、この書を終えたいと思います。

　なお、最後になりましたが、株式会社ギャラリーステーションの本多隆彦様

と、リーガルチェックをしていただきました、私の息子の高校と大学時代の親友である元木崇司弁護士（永世綜合法律事務所）に深く感謝申し上げます。

勝野まり子

日本画Ｆ80号『思い出の故郷』著者作

日本画Ｆ80号『蝉取りに』著者作

油絵 F 100 号『抱く』著者作

油絵 F 50 号『姉弟』著者作

油絵 F 100 号『盆の夜の夢』

日本画 F 20 号『ウィン君』著者作

パステル画 F 20 号『鬼灯とウィン君』著者作

（ウィン君も 2021 年に 18 歳で天国に旅発ちました）

勝野(勝俣)まり子

経歴　1950 年　静岡県沼津市に誕生

　　　1969 年　静岡県立沼津東高等学校　卒業

　　　1969 年　津田塾大学　学芸学部英文科　入学

　　　1973 年　同上　卒業

　　　1973 年　津田塾大学大学院　文学研究科　修士課程入学

　　　1975 年　同上　修了　文学修士（英文学）

　　　1975 年　静岡県立掛川西高等学校　教諭

　　　1976 年　東京女子体育大学　非常勤講師

　　　1989 年〜武蔵大学、東洋大学短期大学、東京成徳大学　非常勤講師

　　　1994 年　日本橋女学館短期大学　専任講師

　　　2001 年　日本橋学館大学（現　開智国際大学）専任講師

　　　2004 年　同上　助教授

　　　2006 年〜2013 年　同上　　教授

　　　2007 年　カメラ撮影開始、『アサヒカメラ』のコンテスト等に入選続く

　　　2014 年　絵画（油絵と日本画とパステル画）制作開始

　　　2018 年〜　新美術協会展入選（日本画）

　　　2019 年〜　朱葉会展入選（油絵）

　　　2021 年　　新美術協会会友推薦

Notes of Wonder

見て驚いて！　聞いて驚いて！　の『私の旅日記』

発行日　2021年12月1日　初版第一刷発行

著　　者　勝野まり子

写真・絵画　勝野まり子

編　　集　勝野まり子

発 行 所　株式会社ギャラリーステーション

　　　　　〒111−0053　東京都台東区浅草橋1−23−5　飯島ビル

　　　　　Tel.03-3865-0088 Fax.03-3865-0233

　　　　　http//:www.g-station.co.jp

印 刷 所　ベクトル印刷株式会社

Printed in Japan ISBN978-4-86047-345-7